OEUVRES

COMPLETES

D'HELVÉTIUS.

TOME QUATORZIEME.

A PARIS,

DE L'IMPRIMERIE DE P. DIDOT L'AÎNÉ.

L'AN IIIe DE LA RÉPUBLIQUE.

1795.

OEUVRES

COMPLETES

D'HELVÉTIUS.

———————

TOME QUATORZIEME.

LETTRES

D'HELVÉTIUS.

1.

LETTRES D'HELVÉTIUS.

LETTRE I.

A VOLTAIRE.

C'EST avec la plus grande reconnoissance, mon illustre maître, que j'ai reçu votre épître, et avec le plus grand plaisir que je l'ai lue. Je vais mettre vos leçons en pratique. J'envoie paître les cagots de Paris, et je pars pour la campagne, où je menerai paître des moutons qui sont à moi. C'est à Lumigny, à une terre que j'ai près Rosay en Brie, que je me retire cette année.

J'ai l'ame attristée de toutes les persécutions qui s'élevent contre les gens de lettres. Vous savez que l'abbé Coier, auteur de la *Vie de Sobieski*, vient d'être exilé ; que son censeur est à Vincennes, et qu'enfin on a défendu jusqu'à l'*Épître au peuple* du professeur Thomas.

On a dit de tout temps que les laides ne veulent près d'elles que des hommes aveugles. Certaines gens n'y veulent que des hommes stupides. Vous en savez la raison.

J'ai vu vos derniers *Dialogues*. Votre sauvage est mon homme. Vous êtes l'Achille qui combattez pour la raison. Mais vous combattez contre les dieux ; il faudra qu'enfin la raison succombe. Que peut-elle à la longue contre la puissance ? On veut étouffer ici toute espece d'esprit et de talents ; et l'on ne s'appercevra du tort qu'on aura fait à la nation que lorsque le remede sera impossible. Que l'on con-

sidere l'état de bassesse et d'avilisse-
ment où se trouvent les Portugais,
peuple sans arts, sans industrie, que
l'Anglais habille depuis le chapeau
jusqu'au soulier; et l'on verra combien l'ignorance est ruineuse pour
une nation. Je pars demain matin
pour ma terre. Je n'ai que le temps
de vous assurer de mon respect, et de
prier Dieu qu'il vous ait toujours en
sa sainte garde. Adieu, mon illustre
maître. *Vale, et me semper ama.*

H.

L E T T R E I I.

A u m ê m e.

Je suis fatigué, monsieur et cher
ami, d'avoir tant écrit de vile prose
sans aucune espérance d'en voir jamais rien imprimé de mon vivant.
Je n'ai plus le courage de faire de
longues entreprises de travail ; ma
mémoire s'affoiblit tous les jours. Il
me faut des occupations que je puisse
quitter et reprendre à volonté. J'ai repris le goût des vers, pour lesquels
vous m'aviez si fort passionné il y a
vingt-cinq ans et plus. On veut que
je finisse le poëme du *Bonheur.* Il
s'en faut bien que j'en aie si bonne
opinion que mes amis. Vos vers m'ont
dégoûté des miens. Mais vous n'ai-
meriez pas me voir commenter,

comme Newton, l'*Apocalypse*. Pour
amuser ma vieillesse, je ferai des vers.
Avant de m'y remettre, cependant,
je vous envoie cet échantillon. Dites-
moi sincèrement si vous me conseillez
de continuer. Je ne suis point attaché
à cet ouvrage. Au nom de l'amitié,
souvenez-vous, avant de me donner
votre avis, que le médiocre en poésie
est insoutenable.

Totus tuus, H.

De Voré, ce 15 octobre 1771.

LETTRE III.

MONTESQUIEU A HELVÉTIUS.

Mon cher, l'affaire s'est faite, et
de la meilleure grace du monde. Je
crains que vous n'ayez eu quelque
peine là-dessus; et je ne voudrois
donner aucune peine à mon cher
Helvétius. Mais je suis bien aise de
vous remercier des marques de votre
amitié. Je vous déclare, de plus, que
je ne vous ferai plus de compliments;
et, au lieu de compliments, qui ca-
chent ordinairement les sentiments
qui ne sont pas, mes sentiments ca-
cheront toujours mes compliments.
Faites mes compliments non compliments à notre ami Saurin. J'ai usurpé
sur lui, je ne sais comment, le titre
d'ami, et me suis venu fourrer en

tiers. Si vous autres me chassez, je reviendrai, *tamen usque recurret*. A l'égard de ce qu'on peut reprocher, il en est comme des vers de Crébillon : tout cela a été fait quinze ou vingt ans auparavant.

Je suis un admirateur sincere de *Catilina* ; et je ne sais comment cette piece m'inspire du respect. La lecture m'a tellement ravi, que j'ai été jusqu'au cinquieme acte sans y trouver un seul défaut, ou du moins sans le sentir. Je crois bien qu'il y en a beaucoup, puisque le public y en trouve beaucoup ; et, de plus, je n'ai pas de grandes connoissances sur les choses du théâtre ; de plus, il y a des cœurs qui sont faits pour certains genres de dramatique, le mien en particulier est fait pour celui de Crébillon ; et comme dans ma jeunesse je devins fou de *Rhadamiste*, j'irai aux Petites-Maisons pour.*Catilina :* jugez si j'ai eu du plaisir quand je vous ai entendu dire que vous trouviez le caractere de Catilina peut-être le plus beau qu'il y eût au théâtre. En un mot, je ne prétends point donner mon opinion pour les autres. Quand un sultan est dans son serrail, va-t-il choisir la plus belle? Non : il dit je l'aime, il la prend, etc. Voilà comment décide ce grand personnage. Mon cher Helvétius, je ne sais point si vous êtes autant au-dessus des autres que je le sens ; mais je sens que vous êtes au-dessus des autres : et moi je suis au-dessus de vous par l'amitié.

MONTESQUIEU.

A S.-Seurin, ce 11 février 1749.

LETTRE IV.

A HELVÉTIUS

voyageant en Allemagne.

Eh bien ! depuis que dans d'autres climats
Vous portez loin de nous vos pensers et vos pas,
Par-tout, Helvétius, vous aurez vu des hommes ;
Ceux de l'antiquité, ceux du siecle où nous sommes,
Diogene nouveau, vous les connoissez tous.
Il les estimoit peu : que nous en direz-vous ?

    Le soleil en faisant sa ronde
    Éclaire mille esprits divers.
    L'un paroît en cet univers
Ne respirer que le malheur du monde ;
    Un autre, presque aussi pervers,
Peu sensible au bonheur, peu touché des revers,
Sur tout ce qui se passe en la machine ronde,
Insensible, muet, ne s'échauffant de rien,
Regarde du même œil et le mal et le bien ;

Tranquille également quand le tonnerre gronde,

    Prêt à frapper la vertu sans soutien,

Et quand le doux espoir d'une moisson féconde

Charme dans ses travaux l'agreste citoyen.

      Mais il est des cœurs nés sensibles,

      Doués d'un naturel heureux,

      Justes, éclairés, généreux,

Qu'un sage poursuivi par le sort rigoureux

      N'éprouva jamais inflexibles.

    En avez-vous beaucoup envisagé

      De cet excellent caractere ?

    Sans avoir beaucoup voyagé,

    Je le crois rare sur la terre.

Peut-être je me trompe, et les charmants récits

Que vous vous apprêtez sans doute de nous faire

Sur les penchants des cœurs, les talents des esprits,

    Et sur les mœurs des différents pays,

      Nous assureront du contraire.

      Avancez ce plaisir nouveau ;

Pour moi, j'en accepte l'augure,
Heureux de voir l'auteur de la peinture
Dans le modele du tableau.

Je suis, avec une extrême considération et le plus inviolable attache-
ment, etc. etc.,

LEFEBVRE.

LETTRE V.

HELVÉTIUS A M. LE MARQUIS DE ***.

J'AI reçu, monsieur, en arrivant dans
ma terre, les nouveaux ouvrages sur
l'agriculture que vous m'adressez. Les
observations qu'ils renferment sont
sans doute très bonnes comme recueil d'observations physiques ; mais
si on les regarde comme d'une utilité
prochaine à la France, on se trompe.

2.

Il faut, avant d'en profiter, que le paysan sache lire ; et pour apprendre à lire il faut qu'il soit plus riche. Il faut même qu'il soit en état de faire des expériences, et d'acheter de nouveaux outils. Le peut-il ? S'il en a les moyens, sa routine et ses préjugés lui permettront-ils ces tentatives ?

Sera-ce donc les propriétaires eux-mêmes qui profiteront de ces observations ? Mais les propriétaires riches et en état de faire des expériences sur leur terrain demeurent tous à Paris, s'occupent d'autres emplois, et peu d'agriculture. S'ils habitent la campagne, c'est pour peu de temps ; c'est plutôt pour pressurer la bourse de leurs fermiers que pour les encourager. Il faut vivre à Paris. On a des enfants à placer, des protecteurs à cultiver. C'est donc la forme du gouvernement qui s'oppose à ce que les propriétaires riches restent à la campagne. Quant aux propriétaires mal aisés qui sont obligés de s'y fixer, ils sont dans le cas du paysan.

Il faut donc commencer tout le traité de l'agriculture par un traité de finance et de gouvernement pour rendre plus riche l'habitant de la campagne. Qu'il soit de son intérêt d'être industrieux, et laissez faire cet intérêt; vous pouvez être sûr qu'il cultivera bien les terres. C'est alors que les lumieres des physiciens pourront être utiles aux agriculteurs. Si l'on ne commence pas par mettre les habitants de la campagne à leur aise, et que les propriétaires riches n'aient point d'intérêt d'habiter leurs terres, je regarde alors tout ce qu'on dira sur l'agriculture comme inutile. C'est comme un homme qui feroit une très belle machine, mais qui, lorsqu'elle seroit faite, ne pourroit agir, faute d'eau pour la faire mouvoir.

Il est toujours bon cependant que les esprits se tournent vers ce but d'utilité publique et de premiere né-cessité. A force d'en parler et de s'en occuper, il peut venir dans la fantaisie d'un ministre d'y penser aussi. Et pourquoi cette fantaisie-là ne lui vien-droit-elle pas comme une autre? Alors, en remontant aux vrais prin-cipes qui seroient la base de l'agri-culture, les observations recueillies sur ce sujet trouveroient leur place, et seroient utiles aux expériences.

LETTRE VI.

M. LE COMTE DE *** A HELVÉTIUS.

Monsieur,

Vous avez acquis si justement une estime universelle, que vous n'êtes point surpris de recevoir des pays les plus éloignés l'hommage qui vous est dû. Votre génie supérieur, s'étant communiqué par la voie de l'impression, semble vouloir partager avec nous autres les faveurs dont la nature vous a comblé : en révélant vos connoissances il a développé les nôtres. Vous avez droit, monsieur, à la reconnoissance de tous les hommes. Je n'ai pas l'honneur d'être connu de vous ; mais je croirois manquer à ce qu'on doit aux personnes qui nous instruisent, si, après avoir lu l'ouvrage immortel de *l'Esprit*, je ne remerciois son illustre auteur des avantages que j'en ai tirés. Je m'estimerai heureux si ma vénération pour vos lumieres vous prévenoit pour une nation qui a malheureusement passé dans l'esprit de bien des gens pour barbare. La plus forte preuve que vous pourriez me donner, monsieur, de vos sentiments favorables à mon égard seroit de me procurer l'occasion de vous être de quelque utilité dans ma patrie, et de prouver l'admiration et la considération distinguées avec lesquelles j'ai l'honneur d'être,

monsieur,

votre très humble
serviteur.

A S.-Pétersbourg, ce 20 septembre 1760.

LETTRE VII.

Président de l'académie de S.-Pétersbourg.

Sans m'arrêter, monsieur, à tout ce que votre lettre a de flatteur pour mon amour-propre, je vous félicite, je félicite vos compatriotes sur le zele éclairé que vous montrez pour le progrès des lumieres et de la raison. Il est des hommes que le ciel fait naître pour élever l'esprit et le caractere d'une nation, et jeter les fondements de sa gloire à venir. Le czar a ébauché l'ouvrage que vous achevez maintenant. Il faut, pour mettre en mouvement la masse entiere d'une grande nation, que plusieurs grands hommes se succedent ainsi les uns aux autres. Un souverain a sans doute des moyens plus puissants pour exciter l'émulation que le grand seigneur même le plus accrédité. Mais l'esprit supérieur dans un homme tel que vous supplée à la foiblesse des moyens. Vous réunissez tous les dons de la fortune. Ces avantages de la naissance , des dignités et des richesses , vous les partagez avec beaucoup d'autres grands seigneurs. Le seul amour de la gloire peut vous distinguer d'eux. C'est le seul bien qu'il vous reste à envier; c'est la récompense la plus digne d'une ame élevée, parcequ'elle est toujours un don de la reconnoissance publique. La gloire d'une infinité de nations puissantes s'est ensevelie sous les ruines de leurs capitales. Par vous, peut-être, la Rome russe doit encore subsister lorsque le temps en aura détruit la puissance.

Si les Grecs n'eussent vaincu que l'Asie, leur nom seroit maintenant oublié. C'est aux monuments qu'ils ont élevés aux sciences et aux arts qu'ils doivent encore le tribut d'admiration que notre reconnoissance leur paie.

Nous partageons encore les hommages que les beaux génies de Rome ont rendus à la bienfaisance de Mécene et d'Auguste. C'est à elle que nous devons les ouvrages immortels d'Horace et de Virgile. Vous marcherez sur leurs traces en encourageant dans votre patrie la liberté de penser. Il ne faut pas que le ciseau de la superstition et de la théologie rogne les ailes du génie. Qu'a de dangereux la liberté de tout dire? Les égarements mêmes de la raison ont souvent fait naître la lumiere du sein des ténebres. Il n'y eut jamais que les erreurs que le fanatisme et la superstition ont voulu consacrer qui aient semé le trouble et la division.

J'ai cru m'appercevoir dans la lettre dont votre excellence m'a honoré qu'elle doutoit un peu du succès de ses efforts, et ce doute est peut-être fondé sur la difficulté d'accorder une certaine liberté aux écrivains de votre nation. Cette liberté cependant est absolument nécessaire. Avec des chaînes aux pieds on ne court pas, on rampe.

Pour créer des hommes illustres dans les sciences et les arts il ne suffit pas de répandre sur eux des largesses; il ne faut pas même les leur prodiguer. L'abondance engourdit quelquefois le génie. Le riche éteint l'amour de la gloire dans les jouissances. C'est par des honneurs et des distinctions qu'il faut principalement récompenser le mérite littéraire. La vanité mise en jeu développe les ressorts de l'esprit ; l'appât du gain l'avilit et le courbe aux bassesses. Apollon auroit-il mérité la gloire et les éloges des poëtes s'il n'eût été qu'un dieu, et s'il ne fût pas descendu chez Admete pour y garder ses troupeaux, et chanter dans le chœur des muses ?

Les honneurs entre les mains des princes ressemblent à ces talismans dont les fées font présent dans nos contes à leurs favoris ; ces talismans perdoient leur vertu sitôt qu'on en faisoit mauvais usage.

Un moyen encore de lier plus étroitement les savants russes au corps des autres gens de lettres de l'Europe, et d'exciter leur émulation, est d'associer, à l'exemple de Louis XIV, les étrangers aux honneurs que vous décernerez à vos compatriotes. Un Russe,

l'associé, en France d'un Voltaire, en
Angleterre d'un Hume, sera curieux
de lire leurs ouvrages, et voudra bientôt en composer de pareils. C'est ainsi
qué les lumieres se répandent, et que
l'émulation s'allume.

Votre excellence voit que l'intérêt
vif qu'elle prend aux sciences, aux
arts, et en général aux progrès de
l'esprit humain, a passé dans mon
ame, m'a fait insister sur des vérités
que vous n'ignorez pas. Mais une derniere dont je desire sincèrement que
vous soyez convaincu, c'est de l'estime
et du profond respect avec lesquels j'ai
l'honneur d'être,

de votre excellence,

le très, etc.

LETTRE VIII.

M. LE COMTE DE *** A HELVÉTIUS.

J'AI reçu la lettre dont vous m'avez honoré ; ma sensibilité répond au respect que je vous dois ; j'en serois bien plus charmé encore si je n'y trouvois des éloges que je ne puis mériter. Peut-être, monsieur, quelque homme mal informé vous a-t-il fait de moi un portrait qui ne me ressemble pas ; peut-être m'a-t-il cru plus puissant et plus capable d'effectuer ce que vous attendez de moi. Je veux vous en faire un de moi-même, et vous donner une idée auparavant de notre état par rapport aux sciences et aux arts. Pierre I, après avoir créé ou réformé tout, n'a pas été suivi après sa mort, en plusieurs parties, dans ses vues et sages

3.

institutions. Les sciences et les arts
ont pris naissance du temps de ce
grand homme. Nous avions d'habiles
gens en plusieurs genres. Les artistes
qui avoient fait leur apprentissage en
Italie pouvoient passer pour de très
bons maîtres, et faisoient honneur à
notre nation. Le peu de soin qu'on
prit après d'encourager ceux-ci, et plus
encore la négligehce d'en former d'autres, étouffa le germe de tout ce qui
venoit d'éclore, et fit évanouir de si
belles espérances. Dans la suite des
temps, les premiers postes de l'empire
étant occupés par des étrangers, ceux-
ci, soit que naturellement ils fussent
peu portés à faire fleurir les sciences
et les arts dans un pays étranger, soit
qu'ils eussent en vue des objets qui ne
leur laisserent point le temps de penser et d'agir avec le zele des patriotes,
sont restés dans une parfaite inaction

à cet égard. Cette négligence dans l'institution de la jeunesse (excepté l'École Militaire ou le Corps des Cadets, créé en 1750, de six cents gentilshommes, qui a produit tant de bons officiers,) a arrêté en quelque maniere les progrès des sciences et des arts. Voilà ce qui a fait que le noble desir de s'instruire en tout a été ralenti dans plusieurs de mes compatriotes. Un intervalle aussi fâcheux pour nous a fait croire injustement à quelques étrangers que notre nation n'est pas capable de produire des hommes tels qu'ils devroient être : préjugé d'autant plus grand, qu'il faut du temps pour le détruire. Sa majesté impériale, marchant sur les traces de Pierre le Grand, a fondé l'université de Moscow, et l'académie des arts de S.-Pétersbourg, desquelles j'ai l'honneur d'être chef. Voilà, monsieur,

deux parties seulement dans lesquelles
je pourrois rendre service à ma patrie
si mes lumieres répondoient à mon
zele. Je me sens encouragé par vos
conseils; je le serai encore plus si vous
me les continuez. Votre lettre pour
moi est un recueil d'instructions.
L'honneur et l'avantage de votre connoissance et de celle de quelques autres
savants, particulièrement de M. de
Voltaire, qui ne cesse point de me
combler des marques de son amitié,
me flattent au-dessus de toute expression. Que je serois heureux,
monsieur, de mériter votre estime!
Le suffrage d'un homme tel que vous
m'est bien plus glorieux que ce que
nous tenons du caprice de la fortune. Je tâcherai toujours de mettre
vos sages conseils à profit. Je gagne à
tous égards à votre connoissance; vous
ne retirez de la mienne qu'une recon-

noissance sans bornes, jointe à l'admiration avec laquelle j'ai l'honneur
d'être,

monsieur,

votre très humble et très
obéissant serviteur.

S.-Pétersbourg, ce 27 juillet 1761.

LETTRE IX.

HELVÉTIUS A HUME.

MONSIEUR,

Lorsque j'ai rendu hommage à la
supériorité de votre génie et de vos
lumieres, j'ai joint ma voix à celle de
tous mes concitoyens, et je suis très
flatté que vous ayez bien voulu la

distinguer. Votre nom honore mon
livre, et je l'aurois cité plus souvent
si la sévérité du censeur me l'eût
permis.

Depuis dix mois je suis l'objet de
la haine et de la persécution des dé-
vots, et j'ai malheureusement appris
à mes dépens combien ces messieurs
de la cour éthérée sont implacables
dans leurs vengeances. Mais quelque
mal qu'ils m'aient fait, j'en suis bien
dédommagé si vous accordez quelque
estime à l'ouvrage et quelque amitié à
l'auteur.

Lorsque la guerre s'est déclarée
entre les deux nations, j'avois dessein
d'aller en Angleterre pour y passer
quelques mois avec des Anglais de
mes amis; maintenant, que vous vou-
lez bien m'honorer de votre amitié,
vous ne doutez pas que le desir d'y
voir un homme que j'admire ne m'y

conduise dès que la paix me le per-
mettra.

L'objection que vous me faites dans
votre lettre me paroît très bonne ; et,
s'il est permis de jurer *in verba ma-*
gistri, c'est sûrement d'après vous :
aussi suis-je prêt à convenir de mon
erreur. J'imagine cependant que l'estime publique conçue pour un talent
ou une science doit être l'effet combiné, et de l'utilité dont ce talent est
au public, et de la difficulté d'y ex-
celler : difficulté que nous ne pouvons
mesurer, en quelque genre que ce
soit, que par le grand nombre des
succès. En effet, s'il n'est point d'idées
innées, qui nous auroit fait naître
l'idée de l'estime pour un tel talent
si ce n'est l'intérêt? (Expression que
je prends dans le sens le plus étendu,
puisque j'entends par ce mot depuis le
plus imperceptible jusqu'au plus fort

degré de plaisir et de douleur). Si
toutes les nations ont pour M. Hume
la plus haute estime, c'est que ses
ouvrages sont un bienfait pour l'humanité, et que chaque nation a intérêt
d'estimer celui qui l'éclaire. Le plaisir
et la douleur, et par conséquent l'intérêt, doivent donc être les inventeurs
de toutes nos idées, et tout s'y doit
généralement rapporter, puisque l'ennui même et la curiosité se trouvent
alors compris sous ces noms de *plaisir*
et de *douleur*. En partant de là, voyez
et jugez si j'ai tort ou raison; je m'en
rapporte entièrement à vous. A l'égard
de l'amitié, il me paroît que la cause
pour laquelle nous aimons notre ami
peut être plus ou moins claire à notre
esprit, selon que nous avons plus ou
moins contracté l'habitude de nous
étudier nous-mêmes, mais que cette
cause existe toujours; et je lui donne

le nom d'*intérêt*, que peut-être on n'a pas toujours pris dans toute l'étendue du sens que je lui donne.

Je me suis acquitté des commissions dont vous m'avez chargé. J'ài vu M. l'abbé Prévôt ; il a traduit votre ouvrage, et malheureusement les deux premiers volumes sont déja imprimés. Nous sommes cependant convenus que, dans un *appendice*, il renverroit à la fin de sa traduction les changemens que vous aviez faits dans votre nouvelle édition. Ce même abbé m'a paru très disposé à traduire l'*Histoire d'Écosse* de M. Robertson ; et j'ai pris des mesures pour lui faire parvenir tous ces livres.

Souffrez que je vous remercie ici du présent inestimable de vos œuvres. Quelques études que j'avois été obligé de faire m'avoient distrait de l'étude de la langue anglaise ; je m'y

14. 4

remets pour vous lire et m'éclairer.

Vous savez que M. Stuard est parti pour Madrid. Il m'a promis à son retour de passer par ma terre. Plût à Dieu que nous fussions alors en paix, et que je pusse partir avec lui et sous sa protection pour vous aller rendre mes devoirs à Londres! Si vous découvrez le nom de celui qui veut bien traduire mon ouvrage, mandez-le moi pour que je le lui envoie. Acceptez-en, je vous prie, un exemplaire que mon libraire adressera pour vous à M. Dehondt, en Hollande. Comparé au présent que vous me faites, c'est la dragme de la veuve, que je vous prie de recevoir avec bonté.

Je suis, etc.

Du 1 avril 1759.

LETTRE X.

AU MÊME.

JE viens de recevoir, monsieur et illustre ami, votre lettre que m'a remise M. Jordin. L'ami (a) qui devoit remettre à M. Stuard un manuscrit pour être traduit en anglais a changé d'avis. Le motif qui l'y déterminoit étoit la crainte de la persécution. Elle devient de jour en jour plus dangereuse. Le crédit des prêtres augmente; et, quoiqu'ils soient les ennemis des parlements, ceux-ci se prêteroient assez

(a) Cet ami dont parle Helvétius est Helvétius lui-même, qui avoit eu quelque temps avant sa mort le dessein de faire paroître en Angleterre son livre de *l'Homme.* Cette lettre, sans date, paroît avoir été écrite en 1770.

volontiers, pour leur faire plaisir, à verser le sang de quelque philosophe : ils n'attendroient pas même de preuve juridique pour le faire. J'ai donc conseillé à mon ami de remettre à sa mort la publication de ses ouvrages. Il a déja pris là-dessus des précautions nécessaires, et il s'en tient là.

Le livre de mon ami est à-peu-près de 750 ou 800 pages in-4°. d'impression, du caractere de *l'Esprit des lois*.

Notre malheureux pays est bien dans l'état de crise où l'on vous l'a mandé. Il a reçu une impulsion qui ne tardera point à précipiter sa chûte, si quelque évènement étranger, et difficile à prévoir en ce moment, ne la retarde pas. Tant que les choses resteront sur le pied où elles sont, quel rôle pouvons-nous espérer de jouer en Europe ?

Benjamin est sans force, et Juda sans vertu.

Vous devez plaindre vos amis qui vous sont fidèlement attachés. Plusieurs auroient été vous rejoindre à Édimbourg, sans l'embarras de la vente de leurs biens ; car rien ne se vend ; toutes les bourses sont fermées. Point de circulation, parceque personne n'est sûr de ne pas mourir de faim.

Conservez-moi votre amitié : je la mérite par l'estime et la vénération que j'ai pour votre génie et pour votre caractere.

J'ai l'honneur d'être, etc.

LETTRE XI.

A M. L'ABBÉ CHAUVELIN,

Conseiller au parlement.

JE vous remercie, monsieur l'abbé, des bontés que vous m'avez témoignées pendant mon séjour à Paris, et de l'intérêt que vous avez bien voulu prendre à mon affaire. Vous n'ignorez pas sans doute qu'on m'a dénoncé à la Sorbonne, et que cette dénonciation est remise au premier d'octobre. Je ne sais quelle suite elle peut avoir, et si l'on peut éviter que la Sorbonne aille plus loin. Je m'en rapporte à vous sur tout cela. Je vous observerai cependant que nous croyions vous et moi cette affaire assoupie, et qu'il me semble qu'elle ne l'est point du tout.

On m'a même assuré que M. le dau-
phin étoit prévenu contre moi au point
de n'en jamais revenir. Vous êtes à
portée de savoir ce qui en est. Mandez-
le moi sans me flatter, afin que je
puisse en conséquence prendre un
parti convenable. J'ai peur qu'en me
faisant signer une rétractation on ne
m'ait tendu un piege, et qu'on n'ait eu
dessein de me mettre dans le cas de
ne pouvoir nier mon livre, supposé
qu'on voulût me faire des affaires au
parlement. La haine théologique a
passé en proverbe, et je sais qu'elle
est aussi adroite qu'implacable. Vous
voyez quelle est ma confiance en
vous. Je ne crains pas qu'elle soit
trahie.

LETTRE XII.

AU MÊME.

MONSIEUR,

Si le parlement exigeoit absolument une troisieme rétractation, il en est une qui m'a été dictée par un homme respectable, qui est entre les mains de M. le comte de S.-Florentin. Elle est honnête, elle est vraie, conforme à ma préface, et c'est la seule que je puisse signer. Mais je desirerois bien que vous pussiez m'éviter cette troisieme rétractation. Après les marques de bonté que vous m'avez données, j'espere, monsieur, comme vous me le promettez, que vous n'en ferez usage qu'à la derniere extrémité, que vous ne la ferez point imprimer, et que vous la laisserez au greffe, puisque cela dépend de vous. Je n'imaginois pas qu'après deux rétractations le parlement voulût encore en exiger une troisieme. Je vous envoie la copie d'une lettre que je viens de recevoir du cardinal Passioneï. Vous y verrez que ce prélat croit les deux rétractations que j'ai données suffisantes. Le parlement seroit-il moins indulgent qu'un prélat qui a été grand inquisiteur à Malte, et qui est actuellement de la congrégation de la propagande? Vous verrez même, par le ton de la lettre de ce cardinal, qu'il ne juge pas mon livre aussi dangereux qu'on voudroit le faire croire ici : car enfin ce prélat savoit la persécution suscitée contre moi; et cependant, lorsqu'il m'a écrit, il ne dit pas, comme vous le verrez dans sa lettre, *que mon livre soit susceptible de mauvaises interprétations*, mais *qu'il pourroit l'être.* Or, quel livre est à l'abri des interprétations? Les hérésies les plus monstrueuses et les plus ridicules ne sont-elles pas toutes fondées sur quelques passages mal interprétés de l'écriture? Quelles interprétations la malignité n'a-t-elle pas même données aux plus sages remontrances du parlement?

D'ailleurs mes intentions ne sont pas douteuses, puisque je me suis soumis à la censure, par conséquent à la loi à laquelle les magistrats ont assujetti tous les citoyens. C'est une loi que le parlement peut changer, mais qui est réputée loi jusqu'à ce qu'il ait été déclaré qu'elle ne l'est plus : autrement ce seroit un piege qu'il tendroit aux citoyens ; et ce corps respectable ne peut être capable d'en tendre. Si j'ai failli en observant la loi, c'est une faute de la loi même,

et mes intentions sont du moins jus-
tifiées.

J'ai l'honneur d'être , etc.

LETTRE XIII.

Au même.

CE que vous me mandez, monsieur,
de l'état actuel de vos affaires du parlement m'a fait réfléchir sur les causes
qui ont empêché ce corps médiateur
entre le roi et ses sujets de jouir
de tout le crédit et de toute l'autorité
dus à cette prérogative. J'ai cherché
quels étoient vos ennemis naturels.
J'ai vu, d'une part, des ministres qui
veulent être despotiques, des grands
seigneurs indignés que des bourgeois
aient le droit de les juger ; de l'autre,

le clergé jaloux que toute espece de
puissance ne soit pas entre ses mains,
et qui voudroit que toute autorité
dans l'état lui soit subordonnée. Il
ne faut pas que le parlement se flatte
de jamais gagner ces deux sortes
d'ennemis. Il a plus à espérer de
l'inconséquence et de l'amovibilité
des premiers. Mais il n'y a jamais
de treve à faire avec les derniers.
C'est un corps éternel que les circonstances forcent parfois à changer
de maximes, et jamais à les aban-
donner, parceque son intérêt y est
trop étroitement attaché, et que cet
intérêt n'est jamais celui des parlements, ni des citoyens qu'ils pro-
tegent. C'est dans notre histoire même
que se trouvent toutes les preuves que
je pourrois vous en fournir. Il est
presque aussi impossible au parlement de s'attacher ces deux especes

d'ennemis, qu'à la France de se croire amie de l'Angleterre. Ces états peuvent faire des treves passageres ; mais leur position respective , et là différence de leur intérêt, en fera des ennemis éternels. Il ne s'agit entre eux que de s'attraper.

Quels sont les amis nés du parlement ? Le public, qui ne peut lui nuire , et dont il peut attendre un grand crédit. Qui peut le soutenir contre la tyrannie des grands et les intrigues sourdes du clergé? Le public , dont l'opinion , à la longue , force l'autorité à être juste. Mais cette opinion ne se fonde que sur la certitude que le parlement est le protecteur des lois, de la liberté et de la propriété des citoyens. C'est un titre que les parlements n'ont pas toujours respecté , il faut l'avouer , soit en abandonnant pour leurs propres inté-

rêts la cause des peuples quand des
ministres ont voulu les fouler, soit
en se prêtant aux impulsions du clergé
quand il vouloit persécuter un homme
de lettres. Le clergé a toujours fait
adroitement de sa cause la cause de
l'état; et le parlement n'a jamais voulu
voir que c'étoit son intérêt qu'il aban-
donnoit pour celui des prêtres. Il est
peu d'hommes de lettres persécutés
dans ces derniers temps qui ne l'aient
été précisément pour avoir établi dans
leurs ouvrages des principes favorables
aux magistrats. Le clergé l'a bien vu.
Aussi n'a-t-il pas manqué, par son
cri ordinaire d'impiété et d'irréligion,
de sonner l'alarme, et de vous engager à persécuter les meilleurs amis
que vous ayez dans le public. Ne
vous y trompez pas: un écrivain cé-
lebre a de nombreux partisans; il
n'a même de célébrité que pour avoir

enseigné aux hommes des vérités qui
les touchent ou qui les flattent. C'est
d'après ces vérités qu'on le juge,
et non d'après vos arrêts. Que gagnez-
vous en le condamnant ? Vous prêtez
vos armes aux prêtres, dont vous
augmentez le crédit. Sans vous en
faire des amis, vous augmentez le
nombre de vos ennemis de tous les
partisans de l'écrivain que vous cher-
chez à persécuter.

Il y a long-temps qu'il est démon-
tré que ce ne sont que les biens de la
terre que recherche le clergé en prê-
chant les biens du ciel. Tout homme
de génie opposé à ses prétentions en
doit être nécessairement persécuté.
Soyez-en le protecteur; établissez autant qu'il est en vous le droit naturel
de la tolérance; c'est le moyen de
ruiner la puissance rivale du clergé:
vous multipliez le nombre de vos

partisans, parceque tous les hommes attachés à des opinions quelconques sauront que vous seuls les empêchez d'être persécutés. Ils ne verront en vous que des protecteurs, et des protecteurs que divinise le zele que chaque secte a pour ses sentiments.

Que le parlement se souvienne toujours qu'il n'est rien sans le public; que ce n'est que par la protection du public qu'il peut contrebalancer le pouvoir de ses ennemis. Le progrès des lumieres l'affoiblit de jour en jour; et, si vous savez profiter des circonstances, vous forcerez vos rivaux à n'être qu'utiles, et à renoncer aux intrigues. Les jésuites eux-mêmes cesseront de vous donner de l'ombrage. Vous rendrez inutiles tous les pieges que ces moines dangereux tendent aux gens de bien et aux hommes de génie.

La liberté de la presse sera toujours à l'avantage du parlement, quand il se montrera le protecteur né des gens de lettres et des citoyens. Si vous négligez ces maximes, on peut prédire que dans peu le parlement sera le mépris des grands par sa foiblesse, et celui des petits par des prétentions ridicules qu'il ne pourra faire valoir.

Votre amitié, monsieur, m'a permis ces réflexions; le zele pour un corps que je crois utile à l'état me les a suggérées. La persécution qu'il a voulu me faire essuyer ne m'empêche pas de voir ses véritables intérêts. Je les crois étroitement liés avec la gloire du souverain et le bien de ses peuples.

AVERTISSEMENT

LES LETTRES SUIVANTES.

ON a imprimé dans plusieurs papiers publics qu'Helvétius, lors du grand succès de *l'Esprit des lois*, en avoit témoigné sa surprise à quelques uns de ses amis intimes. Voici l'anecdote telle qu'on la tient d'Helvétius. Il étoit l'ami de Montesquieu, et passoit beaucoup de temps avec lui dans sa terre de la Brede pendant ses tournées de fermier-général. Dans leurs conversations philosophiques, le président communiquoit à son ami ses travaux sur *l'Esprit des lois*. Il lui fit ensuite passer le manuscrit avant de l'envoyer à l'impression. Helvétius, qui aimoit autant l'auteur que la vérité, fut affligé, en lisant l'ouvrage, d'y retrouver des opinions qu'il avoit combattues de vive voix et par lettres, qu'il croyoit d'autant plus dangereuses qu'elles alloient être consacrées en maximes politiques par un des plus beaux génies de la France, et dans un livre étincelant d'esprit, et rempli de vérités grandes et neuves. Sa modestie naturelle et son admiration pour l'auteur des *Lettres persanes* lui inspirant de la défiance pour son propre jugement, il pria Montesquieu de permettre qu'il communiquât son manuscrit à un ami commun, M. Saurin, auteur de *Spartacus*, esprit solide et profond, que

tous deux estimoient comme l'homme
le plus vrai, et le juge le plus impar-
tial. Saurin fut du même avis qu'Helvétius. Quand l'ouvrage eut paru, et
qu'ils en virent le prodigieux succès,
sans changer d'opinion, ils se turent,
en respectant le jugement du public
et la gloire de leur ami.

Comme quelques idées de Montesquieu ont servi depuis à fortifier de
grands préjugés, et que des passions
particulieres les ont érigées en principes pratiques, il est utile de mettre
sous les yeux du public les jugements
que les amis de Montesquieu lui
adressoient à lui-même. C'est ce qui
nous a déterminés à publier les deux
premieres des quatre lettres suivantes,

qui paroîtront aussi à la tête de la nouvelle édition de Montesquieu, par Didot, actuellement sous presse. On a ajouté au livre de *l'Esprit des lois* de cette nouvelle édition des notes qu'Helvétius avoit écrites en marge de son exemplaire, parcequ'on a pensé que l'examen critique d'une partie de *l'Esprit des lois* par l'auteur du livre de *l'Esprit* et du livre de *l'Homme* ne pouvoit qu'intéresser tous les amis de la raison et de la liberté.

Nous publions aussi deux autres lettres d'Helvétius, écrites, peu de temps avant sa mort, à l'un de ses amis. L'une contient son opinion plus détaillée sur la constitution anglaise, qu'il avoit vue de près dans un voyage fait à Londres ; l'autre renferme quelques idées sur la nécessité d'instruire le peuple. Le public nous saura gré de lui offrir sur deux objets si importants les pensées d'un philosophe illustre, dont les écrits répandus dans toute l'Europe, traduits dans toutes les langues, lus par les hommes de toutes les classes, ont eu et doivent avoir encore une si grande influence sur les progrès de la raison humaine.

En lisant ces différentes pieces, on les croiroit écrites pendant la révolution ; tant il est vrai qu'un philosophe qui a passé sa vie à méditer sur les droits des hommes et sur les erreurs des gouvernements est en avant des

idées de son siecle , et prévoit les
effets que doit produire infaillible-
ment le progrès des lumieres et
des véritables principes de l'ordre
social.

LETTRE I.

HELVÉTIUS A MONTESQUIEU,

Sur son manuscrit de l'Esprit des lois.

Sans date.

J'AI relu jusqu'à trois fois, mon cher président, le manuscrit que vous m'avez fait communiquer. Vous m'aviez vivement intéressé pour cet ouvrage à la Brede. Je n'en connoissois pas l'ensemble. Je ne sais si nos têtes françaises seront assez mûres pour en saisir les grandes beautés : pour moi, elles me ravissent. J'admire l'étendue du génie qui les a créées, et la profondeur des recherches auxquelles il a fallu vous livrer pour faire sortir la lumiere de ce fatras de lois barbares dont j'ai toujours cru qu'il y avoit si peu de

14. 6

profit à tirer pour l'instruction et le bonheur des hommes. Je vous vois, comme le héros de Milton, pataugeant au milieu du chaos, sortir victorieux des ténebres. Nous allons être, grace à vous, bien instruits de l'esprit des législations grecques, romaines, vandales et wisigothes; nous connoîtrons le dédale tortueux au travers duquel l'esprit humain s'est traîné pour civiliser quelques malheureux peuples opprimés par des tyrans, ou des charlatans religieux. Vous nous dites : Voilà le monde comme il s'est gouverné, et comme il se gouverne encore. Vous lui prêtez souvent une raison et une sagesse qui n'est au fond que la vôtre, et dont il sera bien surpris que vous lui fassiez les honneurs.

Vous composez avec le préjugé, comme un jeune homme entrant dans le monde en use avec les vieilles

femmes qui ont encore des prétentions, et auprès desquelles il ne veut
qu'être poli, et paroître bien élevé.
Mais aussi ne les flattez-vous pas trop?
Passe pour les prêtres. En faisant leur
part de gâteau à ces cerberes de l'é-
glise, vous les faites taire sur votre
religion; sur le reste ils ne vous enten-
dront pas. Nos robins ne sont en état
ni de vous lire ni de vous juger. Quant
aux aristocrates et à nos despotes de
tout genre, s'ils vous entendent, ils
ne doivent pas trop vous en vouloir;
c'est le reproche que j'ai toujours fait à
vos principes. Souvenez-vous qu'en les
discutant à la Brede je convenois qu'ils
s'appliquoient à l'état actuel; mais
qu'un écrivain qui vouloit être utile
aux hommes devoit plus s'occuper de
maximes vraies dans un meilleur ordre de choses à venir, que de consacrer
celles qui sont dangereuses, du mo-

ment que le préjugé s'en empare pour
s'en servir et les perpétuer. Employer
la philosophie à leur donner de l'im-
portance, c'est faire prendre à l'esprit
humain une marche rétrograde, et
éterniser des abus que l'intérêt et la
mauvaise foi ne sont que trop habiles
à faire valoir. L'idée de la perfection
amuse nos contemporains ; mais elle
instruit la jeunesse, et sert à la posté-
rité. Si nos neveux ont le sens commun, je doute qu'ils s'accommodent
de nos principes de gouvernement, et
qu'ils adaptent à des constitutions,
sans doute meilleures que les nôtres,
vos balances compliquées de pouvoirs
intermédiaires. Les rois eux-mêmes,
s'ils s'éclairent sur leurs vrais intérêts,
(et pourquoi ne s'en aviseroient-ils
pas ?) chercheront, en se débarrassant
de ces pouvoirs, à faire plus sûrement
leur bonheur et celui de leurs sujets.

En Europe, aujourd'hui la moins foulée des quatre parties du monde, qu'est un souverain alors que toutes les sources des revenus publics se sont égarées dans les cent mille canaux de la féodalité qui les détourne sans cesse à son profit? La moitié de la nation s'enrichit de la misere de l'autre; la noblesse insolente cabale, et le monarque qu'elle flatte en est lui-même opprimé sans qu'il s'en doute. L'histoire bien méditée en est une leçon perpétuelle. Un roi se crée des ordres intermédiaires; ils sont bientôt ses maîtres, et les tyrans de son peuple. Comment contiendroient-ils le despotisme? ils n'aiment que l'anarchie pour eux, et ne sont jaloux que de leurs privileges, toujours opposés aux droits naturels de ceux qu'ils oppriment.

Je vous l'ai dit, je vous le répete, mon cher ami; vos combinaisons de

6.

pouvoirs ne font que séparer et compliquer les intérêts individuels au lieu de les unir. L'exemple du gouvernement anglais vous a séduit. Je suis bien loin de penser que cette constitution soit parfaite. J'aurois trop à vous dire sur ce sujet. Attendons, comme disoit Locke au roi Guillaume, que des revers éclatants, qui auront leur cause dans le vice de cette constitution, nous aient fait sentir ses dangers ; que la corruption, devenue nécessaire pour vaincre la force d'inertie de la chambre haute, soit établie par les ministres dans les communes, et ne fasse plus rougir personne : alors on verra le danger d'un équilibre qu'il faudra rompre sans cesse pour accélérer ou retarder les mouvements d'une machine si compliquée. En effet, n'est-il pas arrivé de nos jours qu'il a fallu des impôts pour soudoyer des parlements qui donnent au roi le droit de lever des impôts sur le peuple?

La liberté même dont la nation anglaise jouit est-elle bien dans les principes de cette constitution plutôt que dans deux ou trois bonnes lois qui n'en dépendent pas, que les Français pourroient se donner, et qui seules rendroient peut-être leur gouvernement plus supportable? Nous sommes encore loin d'y prétendre. Nos prêtres sont trop fanatiques et nos nobles trop ignorants pour devenir citoyens, et sentir les avantages qu'ils gagneroient à l'être, à former une nation. Chacun sait qu'il est esclave, mais vit dans l'espérance d'être sous-despote à son tour.

Un roi est aussi esclave de ses maîtresses, de ses favoris, et de ses ministres. S'il se fâche, le coup de pied

qu'en reçoivent ses courtisans se rend
et se propage jusqu'au dernier goujat.
Voilà, j'imagine, dans un gouvernement le seul emploi auquel peuvent
servir les intermédiaires. Dans un pays
gouverné par les fantaisies d'un chef,
ces intermédiaires qui l'assiegent cherchent encore à le tromper, à l'empêcher d'entendre les vœux et les
plaintes du peuple sur les abus dont
eux seuls profitent. Est-ce le peuple
qui se plaint que l'on trouve dangereux? Non, c'est celui qu'on n'écoute
pas. Dans ce cas, les seules personnes
à craindre dans une nation sont celles
qui l'empêchent d'être écoutée. Le
mal est à son comble quand le souverain, malgré les flatteries des intermédiaires, est forcé d'entendre les cris
de son peuple arrivés jusqu'à lui. S'il
n'y remédie promptement, la chûte
de l'empire est prochaine. Il peut être

averti trop tard que ses courtisans
l'ont trompé.

Vous voyez que par intermédiaires
j'entends les membres de cette vaste
aristocratie de nobles et de prêtres
dont la tête repose à Versailles, qui
usurpe et multiplie à son gré presque
toutes les fonctions du pouvoir par
le seul privilege de la naissance, sans
droit, sans talent, sans mérite, et
retient dans sa dépendance jusqu'au
souverain, qu'elle sait faire vouloir et
changer de ministre selon qu'il convient à ses intérêts.

Je finirai, mon cher président, par
vous avouer que je n'ai jamais bien
compris les subtiles distinctions sans
cesse répétées sur les différentes for-
mes de gouvernements. Je n'en connois
que de deux especes; les bons et les
mauvais : les bons, qui sont encore à
faire ; les mauvais, dont tout l'art est,

par différents moyens, de faire passer
l'argent de la partie gouvernée dans la
bourse de la partie gouvernante. Ce
que les anciens gouvernements ravis-
soient par la guerre, nos modernes
l'obtiennent plus sûrement par la fis-
calité. C'est la seule différence de ces
moyens qui en forme les variétés. Je
crois cependant à la possibilité d'un
bon gouvernement, où, la liberté et
la propriété du peuple respectées, on
verroit l'intérêt général résulter, sans
toutes vos balances, de l'intérêt particulier. Ce seroit une machine simple,
dont les ressorts, aisés à diriger,
n'exigeroient pas ce grand appareil de
rouages et de contrepoids si difficiles
à remonter par les gens mal-habiles qui
se mêlent le plus souvent de gouverner. Ils veulent tout faire, et agir sur
nous comme sur une matière morte
et inanimée qu'ils façonnent à leur gré,

sans consulter ni nos volontés ni nos vrais intérêts; ce qui décele leur sottise et leur ignorance. Après cela ils s'étonnent que l'excès des abus en provoqué la réforme; ils s'en prennent à tout, plutôt qu'à leur maladresse, du mouvement trop rapide que les lumieres et l'opinion publique imprimentaux affaires. J'ose le prédire, nous touchons à cette époque.

LETTRE II.

HELVÉTIUS A M. SAURIN.

J'AI écrit, mon cher Saurin, comme nous en étions convenus, au président, sur l'impression que vous avoit faite son manuscrit, ainsi qu'à moi. J'ai enveloppé mon jugement de tous les égards de l'intérêt et de l'amitié.

Soyez tranquille, nos avis ne l'ont point
blessé. Il aime dans ses amis la fran-
chise qu'il met avec eux. Il souffre
volontiers les discussions, y répond
par des saillies, et change rarement
d'opinion. Je n'ai pas cru, en lui ex-
posant les nôtres, qu'elles modifie-
roient les siennes ; mais nous n'avons
pas pu dire

Cur ego amicum
Offendam in nugis? Hæ nugæ seria ducent
In mala derisum semel, exceptumque sinistre.

Quoi qu'il en coûte, il faut être sincere avec ses amis. Quand le jour de
la vérité luit et détrompe l'amour-
propre, il ne faut pas qu'ils puissent
nous reprocher d'avoir été moins séveres que le public.

Je vous envoie sa réponse, puisque
vous ne pouvez pas me venir chercher
à la campagne. Vous la trouverez telle
que je l'avois prévue. Vous verrez qu'il

avoit besoin d'un système pour rallier
toutes ses idées, et que, ne voulant
rien perdre de tout ce qu'il avoit pensé,
écrit ou imaginé depuis sa jeunesse,
selon les dispositions particulieres où
il s'est trouvé, il a dû s'arrêter à celui
qui contrarieroit le moins les opinions
reçues. Avec le genre d'esprit de Mon-
taigne, il a conservé ses préjugés
d'homme de robe et de gentilhomme :
c'est la source de toutes ses erreurs.
Son beau génie l'avoit élevé dans sa
jeunesse jusqu'aux *Lettres persanes.*
Plus âgé, il semble s'être repenti d'a-
voir donné ce prétexte à l'envie de
nuire à son ambition. Il s'est plus
occupé à justifier les idées reçues que
du soin d'en établir de nouvelles et
de plus utiles. Sa maniere est éblouis-
sante. C'est avec le plus grand art du
génie qu'il a formé l'alliage des vérités
et des préjugés. Beaucoup de nos phi-

14. 7

losophes pourront l'admirer comme
un chef-d'œuvre. Ces matieres sont
neuves pour tous les esprits; et moins
je lui vois de contradicteurs et de
bons juges, plus je crains qu'il ne
nous égare pour long-temps.

Mais que diable veut-il nous apprendre par son *Traité des fiefs?*
Est-ce une matiere que devoit chercher à débrouiller un esprit sage et
raisonnable? Quelle législation peut
résulter de ce chaos barbare de lois
que la force a établies, que l'ignorance
a respectées, et qui s'opposeront toujours à un bon ordre de choses? Sans
les conquérants qui ont tout détruit,
où en serions-nous avec toutes ces bi-
garrures d'institutions? Nous aurions
donc hérité de toutes les erreurs accu-
mulées depuis l'origine du genre humain; elles nous gouverneroient encore; et, devenues la propriété du plus

fort ou du plus frippon, ce seroit un
terrible remede que la conquête pour
nous en débarrasser. C'est cependant
l'unique moyen, si la voix des sages
se mêle à l'intérêt des puissances
pour les ériger en propriétés légitimes.
Et quelles propriétés que celles d'un
petit nombre, nuisibles à tous, à ceux
même qui les possedent, et qu'elles
corrompent par l'orgueil et la vanité !
En effet, si l'homme n'est heureux
que par des vertus, et par des lumieres
qui en assurent le principe, quelles
vertus et quels talents attendre d'un
ordre d'hommes qui jouissent de tout
et peuvent prétendre à tout dans la
société par le seul privilege de leur
naissance? Le travail de la société ne
se fera que pour eux ; toutes les places
lucratives et honorables leur seront
dévolues ; le souverain ne gouvernera
que par eux, et ne tirera des subsides

de ses sujets que pour eux. N'est-ce
pas là bouleverser toutes les idées du
bon sens et de la justice? C'est cet
ordre abominable qui fausse tant de
bons esprits, et dénature parmi nous
tous les principes de morale publique
et particuliere.

L'esprit de corps nous envahit de
toutes parts. Sous le nom de corps,
c'est un pouvoir qu'on érige aux dépens de la grande société. C'est par
des usurpations héréditaires que nous
sommes gouvernés. Sous le nom de
Français il n'existe que des corporations d'individus, et pas un citoyen
qui mérite ce titre. Les philosophes
eux-mêmes voudroient former des
corporations. Mais, s'ils flattent l'intérêt particulier aux dépens de l'intérêt
commun, je le prédis, leur regne ne
sera pas long. Les lumieres qu'ils auront répandues éclaireront tôt ou tard

les ténebres dont ils envelopperont les
préjugés. . . . .

LETTRE III.

HELVÉTIUS A M. LEFEBVRE-LAROCHE,

Sur la constitution d'Angleterre.

Voré, ce 8 septembre 1768.

Vous admirez beaucoup le gouvernement anglais, mon ami; je suis de
moitié avec vous. J'en ai dit du bien,
et ne cesserai d'en dire jusqu'à ce qu'il
s'en forme un meilleur. Mais ne le
jugez pas sur ce qu'en dit Montesquieu. Il seroit loin encore de la perfection, quand le modele existeroit
comme son imagination l'a embelli.
Curieux de voir de près le jeu de
cette machine, je l'ai trouvée compli-

quée et bien embarrassée dans ses rouages. Pouvoit-on mieux à l'époque de sa formation? J'en doute. Quand les circonstances n'auroient pas forcé de la composer des éléments que l'on avoit sous la main, avoit-on toutes les lumieres nécessaires pour s'en approprier d'autres? On craignit de détruire entièrement l'ancien édifice ; on bâtit sur des ruines, et l'on en étaya d'autres. C'est de ces débris disparates et mal assortis que se forma la constitution anglaise. Si l'impossibilité de mieux faire et la force de résistance qu'opposoient de grands intérêts l'ont fait adopter, c'étoit déja un grand exemple donné à l'univers de la perfectibilité des gouvernements. La Grande-Bretagne, par sa position seule, qui donne un caractere particulier à ses habitants, en a tiré de grands avantages. Ils eussent été im-

menses si sa constitution, vicieuse
dans quelques unes de ses bases, en
s'améliorant par une bonne représen-
tation, par une distribution mieux
proportionnée de ses pouvoirs, avoit
empêché de germer les principes corrupteurs qui la dominent aujourd'hui.
C'étoit alors un grand pas vers le bonheur des nations d'avoir pu forcer un
roi à reconnoître quelques droits de
son peuple, à respecter sa liberté, et
à ne plus lever arbitrairement les
impôts. Mais tout n'étoit pas fait.
Après avoir lié les mains à leur des-
pote, et s'être donné un grand principe d'activité, les Anglais sont restés
en beau chemin. Pour s'être imaginé
avoir un meilleur gouvernement que
leurs voisins, ce qui n'étoit pas difficile, ils ont cru qu'ils n'avoient qu'à
le laisser marcher.

Plusieurs fois la prérogative royale

a tenté de se relever, et mis leur
constitution en péril. Au lieu de songer aux remèdes, ils n'ont fait que
changer de roi ou de ministres ; ce
qui n'arrive pas sans de rudes convul-
sions, et sans que la fortune publique
ne coure de grands risques. Leur
industrie et leur commerce, sources
de grandes richesses au dedans, ont
maintenu leur crédit au dehors, mais
n'ont fait qu'accroître cette prodigieuse inégalité de fortunes qui cor-
rompt tous les pouvoirs, et devient
pour la nation entiere une banque où
se calculent tous les vices et toutes
les vertus. Un ministre est sûr d'y
réaliser ses projets dès qu'il connoît
le tarif de toutes les probités. La constitution anglaise a suffi pour déve-
lopper la plus grande activité dans ce
peuple. Elle n'a pas prévu les moyens
qui en maîtrisent les effets, et les

empêchent d'être nuisibles. C'est en exagérant ses forces que ce gouvèrnement étend sa puissance, et que tôt ou tard il l'affoiblira. L'époque n'en est peut-être pas très éloignée.

Si l'Angleterre avoit une bonne constitution, et telle que la raison humaine perfectionnée pourroit la donner, ce seroit un systême lié dans toutes ses parties, fondé sur la nature de l'homme, et calculé sur tous ses rapports sociaux, et non sur des chimeres de puissance et de prospérité publique qui rendent un grand nombre d'individus étrangers au bonheur qu'ils envient autour d'eux.

Cependant jusqu'ici la nation anglaise a eu la vanité de se croire exclusivement heureuse. Elle l'est en effet plus que tous ses voisins, malgré l'inquiétude ou la mode qui la fait voyager et promener son ennui dans toutes les contrées de l'Europe. La grande inégalité des richesses y produit une multitude d'oisifs qui, fatigués de jouissances, ou entraînés par l'exemple, vont chercher ailleurs de nouveaux desirs et de nouvelles sensations. Mais ceux qui restent dans leurs foyers, occupés d'industrie et de commerce, recueillent les fruits de la liberté, ont des mœurs, des goûts simples, qui les rapprochent un peu de la nature, et les garantissent en partie de la corruption de ceux qui gouvernent.

Ce qui empêchera l'Anglais d'être généralement plus heureux, c'est que ses écrivains lui vantent trop sa constitution que nos philosophes de leur côté s'obstinent à croire parfaite ; c'est que le coup-d'œil de mépris jeté sur l'esclavage et la superstition des autres peuples la lui fait encore chérir davan-

tage. Elle croit lui devoir toute sa
prospérité, qui n'est cependant que
l'art d'un habile négociant faisant servir à sa fortune la sottise et l'incurie
de ses voisins. Mais attendons qu'ils
se réveillent, que leurs tyrans s'avi-
lissent au point de s'en faire mépriser.
Alors, d'eux - mêmes, les états re-
prendront une nouvelle vie. Il est
temps qu'ils songent à devenir libres.

Les gouvernements des grands états
vont tous sourdement au despotisme,
comme l'homme qui a toujours sa ten-
dance naturelle vers son intérêt personnel. Les lumieres y naissent souvent trop tard pour éclairer les causes
qui l'accélerent. Ce n'est presque jamais que dans l'état de maladie qu'on
s'occupe des vices qui minent la constitution; et souvent il arrive que l'ignorance des remedes ou les essais qu'on
en fait accélerent la mort.

Cependant les nations de l'Europe ont encore de l'énergie; de grandes lumieres sont répandues chez quelques unes, et leurs ministres ne sont pas si habiles qu'on ne puisse profiter de leurs fautes pour anéantir leur pouvoir et le rendre au peuple. Les grands veulent gouverner, et sont ignorants. Le clergé s'avilit par ses richesses et ses mauvaises mœurs. Les corps de justice n'ont que des prétentions ridicules. Dès que le peuple sentira sa force et ses moyens, il dissipera tous ces fantômes de la tyrannie. Alors la constitution anglaise sera utile au monde ; ses abus mêmes, éclairés par une longue expérience, serviront à les faire éviter. Le progrès naturel des connoissances amenera plus d'accord, plus de simplicité dans les plans d'une association libre. Les pouvoirs seront plus distincts, moins compliqués, et plus accommodés au jeu dé la machine politique.

C'est un grand mal quand un des pouvoirs a trop d'énergie pour suspendre l'action qui seroit utile, et emploie des moyens dangereux pour la précipiter ou l'égarer; c'est un grand mal quand une nation maîtresse de voter ses subsides est entraînée malgré elle, par des circonstances impérieuses ou par des représentants corrompus, à les accorder contre ses propres intérêts; c'est un grand mal quand une chambre des-pairs héréditaires, placée entre le monarque et les sujets, a, pour éterniser ses privileges, un appui dans la prérogative royale, dont elle étend les abus, qu'elle partage toujours aux dépens du peuple; c'est un grand mal quand un clergé dont le roi est le chef suprême entre comme partie intégrante dans la législation, et ne doit rien à la nation qu'il a encore le droit d'enseigner ; enfin c'est un grand mal quand il n'y a dans un corps politique d'énergie pour l'intérêt commun que dans une grande opposition qui s'effraie souvent d'un danger alors qu'il n'est plus temps de le prévenir.

Voilà pourtant ce chef-d'œuvre qu'a fait naître le cours des siecles, et pour lequel les Anglais ont répandu tant de sang. La raison perfectionnée ne nous serviroit-elle pas mieux que le hasard des circonstances n'a pu faire nos voisins ? Quels si grands avantages trouve-t-on dans cette lutte éternelle de pouvoirs qui fatigue le peuple, et n'est qu'une treve mal assurée, garantie par la rivalité des parties, et souvent dangereuse sans les moyens corrupteurs employés par ses ministres pour les réduire à l'impuissance ? Quel étrange gouvernement que celui où,

même pour faire le bien, la corruption devient un moyen légal et nécessaire !

Tant que les débris de la féodalité
comprimeront les ressorts de cette
vaste machine, la liberté y sera toujours orageuse et mal affermie. Voyez
le clergé : ses membres, représentants-
nés dans le corps législatif, n'y sont
unis que par leur intérêt et par l'ambition des places dont le roi dispose.
Les grands, qui ont tout à espérer du
pouvoir exécutif et rien à attendre
du peuple, mettront-ils en balance
ses intérêts avec les leurs ? Les faits
ne le prouvent pas.

Aussi le peuple se plaint-il souvent
des atteintes portées à sa liberté, qui
n'est qu'une concession fondée sur des
chartres, au lieu d'être un droit re-
connu que l'homme tient de sa nature.
Des lois assurent sa propriété. Mais

n'est-elle pas violée sans cesse par les contributions énormes qu'imposent avec tant de facilité les trop longs parlements ?

Le territoire de tout l'empire britannique ne forme que la moitié de celui de la France, et l'inquiétude qui tourmente les Anglais leur fait chercher des possessions sur toute la surface du globe. Ils en ont d'immenses en Asie et en Amérique ; ce qui fait comparer cet empire à un moineau qui veut s'élever dans les airs avec des ailes d'aigle.

Que les voisins de l'Angleterre se donnent de meilleurs gouvernements que le sien, elle se verra forcée d'améliorer sa constitution ; ce qui peut être plus difficile que d'en créer une, parcequ'un bâtiment simple et commode à construire coûte moins qu'un édifice gothique et fastueux à réparer.

Dans un gouvernement sans principes, on peut tout attendre du progrès des lumieres et de l'excès du mal. Le bien se voit mieux, frappe davantage, et se fait plus vîte. Les despotes abrutis n'y sont point préparés à la résistance.

Nous touchons à cette époque. Si elle arrive, l'Angleterre sera ce qu'elle doit être, une puissance réduite à régler ses affaires sans trop se mêler de celles des autres, et sans nuire à leur repos. Elle fondera son commerce plus solidement sur son industrie que sur ses traités et ses vaines prétentions à la souveraineté des mers.

Sa constitution telle qu'elle est, il est vrai, est favorable à son industrie, et paroît évidemment le grand principe de son activité. Mais son commerce ne peut-il vivifier son île sans être la source

8.

de ses injustices, de ses longs démêlés
avec les puissances du continent, de
ses envahissements de possessions dans
les quatre parties du monde, de ses
traités frauduleux, appuyés de la me-
nace, et souvent violés par la force?
L'extrême avidité de l'or que ce grand
commerce occasionne n'allume-t-elle
pas ce foyer de corruption qu'entretien-
nent ceux qui gouvernent, pour perdre
les mœurs, dénaturer le patriotisme,
et étouffer peut-être un jour la liberté
sous le poids de la dette publique? Si
les nations voisines, mieux éclairées
sur leurs intérêts, s'avisoient de mettre en activité leur puissance réelle,
que deviendroit alors la puissance fac-
tice de l'Angleterre que son système
politique lui a tant fait exagérer?
Alors on verra quels avantages elle
aura retirés d'avoir si mal proportionné
son empire à ses moyens de le conser-

ver, et sur-tout d'assurer sa paix intérieure, sans quoi une constitution est
mauvaise, et devient étrangere au
bonheur des citoyens. La vie morale
des empires est comme la vie physique
des individus. Ce n'est point à la force
tonique des remedes qui la soutiennent
qu'il faut juger de sa durée, mais au
tempérament robuste qui facilite le jeu
naturel de ses organes, sans altérer sa
constitution.

Qu'est-ce qu'un système de législation que des intérêts commerciaux
font vaciller sans cesse, qui a besoin,
pour être soutenu, d'un parti d'opposition qui force chaque jour le mi-
nistere à changer de mesures, à modi-
fier ses principes? Qu'attend-on de
cette lutte perpétuelle avec des colo-
nies lointaines toujours prêtes à dé-
tacher leurs intérêts de ceux de la mé-
tropole, et que l'on ne tient en respect

qùe par une exaltation de forces oné-
reuses à la nation, et dangereuses à
sa liberté? Cet état violent ne sauroit
être durable qu'autant que la sottise
et l'ignorance des nations environnan-
tes ne le troubleront point. Si d'ailleurs
il corrompoit l'esprit public, s'il n'at-
tachoit de considération qu'aux richesses, et que la probité y fût vénale,
les places du gouvernement devien-
droient le prix de l'intrigue, de la
bassesse et de tous les vices. La nation
seroit vendue à ses représentants, qui
la dépouilleroient à leur tour pour
payer ses suffrages et la gouverner à
leur gré.

Je vous l'ai déja dit; quand l'Angleterre s'est donné une constitution,
c'étoit la meilleure que ses lumieres
et les circonstances où elle se trouvoit
alors lui permettoient de choisir. Au
lieu d'être un système combiné dans

toutes ses parties, elle n'est que le résultat des passions qui l'agitoient, et des intérêts divisés que la force des partis faisoit dominer. Ce n'est donc point en elle qu'il faut chercher le grand principe d'action qui lui procure quelques avantages intérieurs, et fait admirer sa prodigieuse influence dans toutes les parties du monde. Elle l'a dû plus souvent au sommeil léthargique de ses voisins qu'à une politique raisonnée, à un plan suivi d'agrandissement.

Que l'on ouvre l'histoire d'Angleterre : depuis qu'elle a une constitution, l'on verra un peuple qui marche au hasard, qui se fie à des lois qu'il n'ose perfectionner; une nation sans cesse en travail, qui prévoit peu, va sans s'arrêter, ne voit que des gains mercantiles dans ses projets, et ne fait la guerre que pour vexer ses co-

lonies, ou troubler la tranquillité de
ses voisins. Si c'est là le meilleur esprit de gouvernement qu'un légis-
lateur doive chercher dans une constitution, on ne peut nier que les Anglais
l'aient trouvé dans la leur. Un philosophe ami de l'humanité seroit plus
difficile à satisfaire. Il voudroit une
constitution telle qu'en jouissant de
toute la plénitude de sa liberté, de sa
sûreté personnelle et de sa propriété,
il fût obligé de respecter, je ne dis pas
seulement celle de ses concitoyens,
mais de tous les autres peuples, par
l'heureuse impuissance où il se met-
troit de les attaquer.; car nuire aux
droits naturels des autres, c'est sans
raison compromettre les siens. Les
esprits sont sur la route de cette vérité; attendons que la sotte stupidité
ou l'inconséquence de ceux qui gouvernent mettent les peuples dans la

nécessité d'en profiter. Un grand pouvoir n'est pas loin de sa chûte quand il continue de marcher sans regle et sans mesure au milieu d'un peuple dont la raison s'éclaire et s'étend chaque jour.

J'ai beaucoup loué les Anglais dans mes ouvrages ; je ne cesserai de les louer encore tant que nos gouvernements seront plus mauvais que le leur. Nous leur devons quelques bons écrits, fruit de leur liberté de la presse. N'ont-ils pas dédommagé par-là l'humanité d'une partie des maux qu'ils lui ont faits ? Profitons de leurs idées pour valoir mieux qu'eux ; mais ne transportons pas de leur île dans notre continent une constitution dont les éléments, quand ils seroient les mêmes, auroient des conséquences beaucoup plus fâcheuses pour nous qu'elles n'ont dû l'être pour eux, vu les changements survenus depuis chez toutes les puissances de l'Europe ; changements qui, en amenant de nouveaux rapports, ont fait disparoître les anciens. Que seroient donc les connoissances acquises depuis un siecle, si l'expérience et l'observation ne nous enseignoient rien de mieux à perfectionner dans nos gouvernements modernes que ce que le hasard des circonstances a fait rencontrer aux Anglais ?

Je commence à m'appercevoir que ma lettre est bien longue. Je ne la relirai pas. Vous m'aimerez avec mes défauts : quoique théologien, vous êtes tolérant.... Je vous embrasse.

LETTRE IV.

LE MÊME AU MÊME,

Sur l'instruction du peuple.

A Voré, ce 15 août 1769.

JE vous attends à Voré; vos conseils me seront utiles sur le parti à prendre pour l'impression de *l'Homme*. Je veux en finir, et laisser la premiere moitié telle que je l'avois faite pour répondre aux critiques de *l'Esprit*. Je sais que le public m'en a fait justice, et qu'il goûte assez généralement mes principes. Mais il est bon d'y revenir, et d'en faire aux superstitions religieuses une application plus précise que je ne l'ai faite dans mon premier ouvrage. Les allégories sont inutiles.

14.

La lumiere se répand de jour en jour. Il faut dire nettement aux hommes la vérité ; il y a assez long-temps qu'on les trompe. Je ne prends d'autres précautions que de déguiser mon style et de cacher mon nom.

Pourquoi, si l'on combat les erreurs, s'exposer à être assommé par les frippons qui les accréditent? Jean-Jacques ne sait ce qu'il dit quand il prétend qu'un honnête homme doit répondre de son ouvrage. Un honnête homme ne doit rien écrire dont il puisse rougir. Mais où est la nécessité de comprommettre son repos et son bonheur pour la sotte gloire d'être connu pour l'auteur d'un livre où l'on ne s'est occupé que du bien public? Le bien public que peut faire un particulier dans nos gouvernemens modernes est-il ailleurs que dans la déstruction des préjugés funestes, et dans la révélation des vérités qui les combattent? Qu'importe le nom de l'écrivain courageux qui prend sur lui une si pénible tâche? Ne peut-on être incognito le bienfaiteur de ses semblables? et doit-on s'exposer à devenir inutilement la victime de l'envie contemporaine?.....

Vous me demandez s'il est bon d'instruire le peuple. Et pourquoi l'instruction pourroit-elle nuire? Si quelques hommes ont intérêt à tromper, nul n'a intérêt à être trompé. Il faut donc laisser à tout le monde la plus grande liberté d'examiner le pour et le contre. C'est le seul moyen sûr d'empêcher qu'on ne trompe, et qu'on n'ait la tentation de nous tromper. Ces vues générales sont claires. Ont-elles des dangers dans la pratique?

Observez d'abord qu'il est assez inutile de s'opposer aux progrès des lumieres : il est inévitable. Pour les circonscrire dans de certaines limites, le génie despotique de Richelieu n'a pu imaginer que les académies, où les esprits, pour ainsi dire éjointés, n'avoient que la liberté de prendre le vol qui conviendroit au protecteur qui les soudoyoit. Heureusement nos meilleurs philosophes ne se sont pas laissé prendre à ce piege. Quelques uns se sont bien glissés dans ces corps ; mais, par la circonspection de leur conduite, ils ont fait tolérer la hardiesse de leurs idées. Si les académies n'ont point propagé les connoissances humaines, du moins elles n'y ont pas nui comme les universités.

Observez que les peuples anciens, quoiqu'ils n'eussent point de corps enseignants, n'ont jamais pensé que l'ignorance fût bonne à quelque chose ; que César et Cicéron dans le sénat

romain osoient parler de vérités déli-
cates qu'on trouveroit hardies dans
nos sociétés particulieres, et qu'en
Angleterre même on blâmeroit en
public.

Observez encore que c'est chez les
peuples où l'on a entretenu l'ignorance
qu'il y a eu le plus de fanatisme, de
crimes de tout genre, et d'opposition
aux bonnes lois, quand il a pris fantaisie aux despotes ou à leurs ministres
d'en faire. L'ignorance est le plus arbitraire des tyrans; il faut des siecles
pour s'en délivrer: au lieu qu'un in-
stant de révolution chez un peuple
éclairé suffit pour lui rendre tous ses
droits à la liberté. Ce n'est pas là ce
que cherchent les gouvernements. Ils
favorisent les lumieres jusqu'à un cer-
tain point où ils voudroient les arrêter.
Mais cela n'est guere en leur puissance. On ne peut les retarder qu'avec

beaucoup de vexations qui irritent les esprits, excitent le murmure, répandent l'aigreur dans les ouvrages furtifs, et les rendent par-là plus dangereux.

Qu'a fait notre police moderne? De petits réglements, d'inutiles persécutions qui ont donné plus de cours et de célébrité aux livres prohibés. Elle n'a fait de ses défenses et de ses censures que des privileges exclusifs au profit de la sottise.

Il paroît donc que les gens en place, les seigneurs de paroisse, les curés et les prêtres, se croient seuls intéressés à l'ignorance du peuple, pour le mieux tromper, et le conduire par-là plus à leur aise. Je vois bien ce qu'ils esperent gagner à l'abrutir pour le soumettre; mais je ne vois pas que l'esclave ignorant soit plus utile au bonheur de son maître, ni qu'un peuple avili releve davantage la dignité de son prince.

On dit : Le peuple instruit est processif. — En effet, le paysan qui sait lire est chicaneur. Mais si tous savoient aussi bien lire que lui, croit-on que l'équilibre des lumieres ne produisît pas équilibre de force, et que tous connoissant mieux leurs droits, les uns attenteroient à ceux des autres par des procès coûteux dont l'issue est toujours incertaine ?

Il est indocile. — Quelle nécessité y a-t-il qu'il se laisse si facilement opprimer par des frippons de toute espece ? Vous vous rappelez la réponse de mon garde-chasse, à qui je reprochois de faire souffrir les lapins qu'il portoit dans sa gibeciere : « Monsieur, « disoit-il, ils sont mauvais; ils ne « veulent pas se laisser tuer. »

Il est mécréant. — Je le crois bien.

Pourquoi le prêtre qui lui prêche tant
le précepte le persuade-t-il si peu
par son exemple? Le peuple doit-il
mieux valoir que ses guides? Peut-on
lui faire un crime de ne pas raisonner
aussi mal qu'eux, quand ils démentent
par leur conduite la vérité d'une religion qu'annoncent leurs discours? Le
bon sens du peuple lui dit assez qu'on
ne persuade bien que ce dont on est
convaincu soi-même. Et, sans trop
d'examen, il imagine que la vraie
conviction est moins dans l'éloquence
des paroles que dans celle des actions.
N'a-t-on pas raison de se défier des
poltrons qui vantent la bravoure?

Il est insolent. — Pourquoi cher-
che-t-on à l'humilier, à le mépriser
et à l'opprimer? Pourquoi veut-on
s'arroger le pouvoir d'être impuné-
ment injuste avec lui? J'aime la noble
réponse d'un Anglais grand seigneur

à qui un paysan répondoit avec fierté.
« Quoi! lui disoit un Français, vous
« souffrez ainsi l'insolence de vos
« paysans » ! — « Non seulement je
« le souffre, répondit-il, mais je l'es-
« time : c'est signe qu'ils n'ont pas
« besoin de moi, et qu'ils sentent leur
« égalité avec tout autre homme. »

Il n'y a rien à attendre d'un peuple
ignorant qui méconnoît sa dignité, et
ne sait faire aucun usage de sa raison.
Le sultan est-il plus heureux de com-
mander à des esclaves abrutis, qu'un
roi d'Angleterre de se faire obéir par
des hommes libres? L'œil du voya-
geur se repose-t-il avec plus de com-
plaisance sur les plaines désertes de
l'Asie que sur les contrées montueuses
de la Suisse? Une poignée de Grecs
instruits et libres faisoit trembler les
nombreuses armées du grand roi.
C'est par la destruction de l'esclavage

que les nations ont repris leur ressort et senti une nouvelle existence.
Un courage plus éclairé a doublé leur
énergie et multiplié les sources de
leur bonheur.

L'homme ignorant est esclave ; il
languit et meurt accablé du poids des
remords qu'on lui inspire, et garrotté
par tous les liens de la superstition.
Qu'importe à l'homme qui a une patrie de lui sacrifier une vie longue ou
courte, s'il l'a passée au milieu des
jouissances qu'a dû lui procurer le
libre exercice de ses facultés ?

C'est donc le chef-d'œuvre de la
politique autant que de la raison d'a-
voir appris aux hommes qu'ils étoient
libres. Il y a peut-être des maux voisins du bien. Il faut les peser. J'ai dit
peut-être, car je suis persuadé que
c'est ici un lieu commun ; et les lieux
communs sont presque toujours faux.

Rien n'éloigne le mal comme le bien ; et d'une bonne loi il ne peut naître d'inconvénients, à moins qu'elle ne soit seule, c'est-à-dire à moins qu'elle ne soit pas accompagnée de toutes les lois qui en sont ou le vrai principe ou les conséquences naturelles. A-t-on jamais vu le peuple se révolter contre les lois raisonnables? et n'est-il pas bon que ceux qui veulent l'opprimer sachent que le peuple est instruit des ressources qu'offrent les lois contre l'oppression? Les ministres de la religion qui n'auroient pas à compter sur une sotte crédulité rendroient leur enseignement moins absurde et plus circonspect. Tout homme qui voudra n'être que juste ne sauroit craindre d'avoir pour subalternes des hommes instruits. En un mot, quand on n'a ni dupes à faire, ni passions et intérêts à déguiser, et qu'on n'a pas

le dessein d'en imposer par des hau-
teurs ou des caprices, on ne redoute
pas les lumieres et le bon sens du
peuple.

Vous voyez combien il est impor-
tant au bonheur des hommes de le,
fonder sur la nature, et de répandre
les lumieres qui la font mieux con-
noître. Leur introduction dans le
monde n'y peut être dangereuse, par
la lenteur avec laquelle elles se pro-
pagent. Vous en avez vu les raisons
dans la derniere partie de mon ouvrage, qui, je crois, sera la meilleure et la plus intéressante. Je n'ai
pas craint de tout dire ; j'avois moins
de ménagements à garder que dans
le livre de *l'Esprit*. Ma pensée est
plus libre. Vous vous en êtes apperçu
au style, dont j'ai moins soigné les
détails et les liaisons. Quoique le
gouvernement s'éclaire peu, les Fran-

çais s'instruisent, et ne sont plus des enfants. La vérité moins ornée commence à leur plaire.

PENSÉES

ET

RÉFLEXIONS

EXTRAITES DES MANUSCRITS

DE L'AUTEUR.

PENSÉES

ET

RÉFLEXIONS.

I.

LES hommes sont toujours contre
la raison quand la raison est contre
eux.

I I.

Faire sa fortune n'est pas le syno-
nyme de faire son bonheur ; l'un peut
cependant s'accroître avec l'autre.

I I I.

Ceux qui sont accoutumés à disputer
ter dans les lieux publics doivent plu-

tôt savoir l'art de rendre des idées
que la maniere de trouver des vérités.

I V.

Rarement les ministres qui ont
de l'esprit choisissent des hommes
supérieurs pour les mettre en place :
ils les croient trop indociles, et pas
assez admirateurs.

V.

Il n'y a qu'un imprudent qui risque
d'avoir de l'esprit devant les gens qu'il
ne connoît pas.

V I.

On sacrifie souvent les plus grands
plaisirs de la vie à l'orgueil de les sacrifier.

V I I.

On ne peut en compagnie juger de

tout l'esprit d'un homme : on peut juger de la partie bonne à la société, mais
non pas de la profondeur des idées.

VIII.

Il seroit aisé de faire un livre pour
prouver qu'une société de gens qui se
conduiroient selon l'évangile ne pourroit subsister.

IX.

La sottise veut toujours parler, et
n'a jamais rien à dire ; voilà pourquoi
elle est tracassiere.

X.

Le principe de notre estime ou de
notre mépris pour une chose est le
besoin ou l'inutilité dont elle nous
est.

X I.

La religion a fait de grands maux, et peu de petits biens.

X I I.

Les hommes laids, en général, ont plus d'esprit, parcequ'ils ont eu moins d'occasions de plaisirs et plus de temps pour étudier.

X I I I.

On ne prendra jamais le mot *homme* pour *cheval;* mais on prendra *réfléchir* pour *penser.* Tout mot collectif occasionne des disputes. Il n'y en a point aux mots d'images.

X I V.

Quand une science ne produit pas un bien très près de sa source, on la regarde comme inutile. C'est un ruisseau qui semble se perdre dans la terre, et qu'on ne voit point produire une autre source.

X V.

Dans un gouvernement, il arrive tous les jours des malheurs auxquels on ne peut remédier, faute de remonter à une source très éloignée, que souvent l'ignorance des ministres à fait tarir, tandis qu'on en ouvre d'autres dont le cours inconnu va empoisonner le bonheur public.

X V I.

Il y a des chiens bons à une chasse, d'autres à d'autres chasses. Pourquoi ne prendroit-on pas des amis dont on se serviroit, des uns pour rire, d'autres pour raisonner, enfin d'autres pour pleurer avec nous ?

X V I I.

On est souvent trop sage pour être un grand homme. Il faut un peu de fanatisme pour la gloire et dans les lettres et dans les gens d'état.

X V I I I.

La justice est un rapport des ac-tions des particuliers au bien public.

X I X.

On tireroit des conséquences utiles de savoir que la mémoire est la même chose que le jugement et l'imagina-tion. On pourroit déterminer quelles réflexions ou jugements fera un homme en conséquence des faits qu'il a dans la mémoire, et quelle sorte de ré-flexions arrivera en conséquence d'une érudition vaste et profonde.

X X.

L'histoire est le roman des faits, et le roman l'histoire des sentiments. L'histoire apprend que la vertu n'a rien à gagner avec les hommes; que sur cent à peine s'en trouve-t-il un vertueux par inclination; qu'ils sont tous faux, perfides, etc. Le roman nous présente des modeles de fidélité, de droiture.

X X I.

Le génie ressemble à ces terres vastes où il y a des endroits peu soignés et peu cultivés : dans une si grande étendue tout ne peut être peigné. Il n'y a que les petits esprits qui prennent garde à tout : c'est un petit jardin qu'ils tiennent aisément peigné.

X X I I.

Pas plus de sûreté dans un dévot

que dans un courtisan ; l'un aban-
donne son ami pour faire fortune auprès de son roi, l'autre pour la faire
auprès de son dieu.

X X I I I.

Les gens du monde aiment les gens
qui ont plusieurs sortes d'esprit, parcequ'ils croient avoir plus d'analogie
avec eux.

X X I V.

L'esprit ébauche le bonheur que la
vertu acheve.

X X V.

Pourquoi dit-on souvent que les
gens d'imagination font des projets
fous? C'est que, pour exécuter leurs
projets, il faudroit avoir autant d'esprit qu'eux ; et ceux qui ne voient
point de moyen de les exécuter ai-

ment mieux dire que le projet est in-
exécutable, que d'avouer qu'ils n'auroient pas l'esprit de l'exécuter. Ce
raisonnement est confirmé par l'expérience. Les grands hommes sont ceux
qui inventent et exécutent des choses
que les autres hommes croyoient im-
possibles. Mais pour cela il faut que
la fortune mette les hommes dans une
place où ils puissent exécuter ce qu'ils
ont inventé; sans quoi ils passent en
général pour des rêveurs.

X X V I.

Dans les temps de malheur, on
aime plus la vertu que l'esprit, parcequ'on en a plus de besoin, et non pas,
comme on dit, parcequ'elle vaut
mieux. C'est toujours nos besoins qui
nous font préférer une chose à l'autre.

X X V I I.

Ce qui fait le bonheur des hommes

c'est d'aimer à faire ce qu'ils ont à faire. C'est un principe sur lequel la société n'est pas fondée.

XXVIII.

Un homme qui seroit beaucoup au-dessus des autres hommes n'en doit point être estimé : ce qu'il voit au-dessus d'eux n'est point vu par eux.

XXIX.

Un sage jouit des plaisirs, et s'en passe, comme on fait des fruits en hiver.

XXX.

L'envie dit souvent qu'un tel livre ne fait du bruit que par sa hardiesse, pour dire hautement : « Je passerois « pour avoir autant d'esprit que cet « homme-là si j'étois aussi impru- « dent ». Vérité hardie est une vérité

importante au grand nombre, et peut-
être nuisible à des hommes ou à des
corps puissants. Celles qui ne font
point de bruit n'ont donc nulle im-
portance ; les auteurs de ces vérités
devroient donc moins s'applaudir de
leur prudence que rougir de l'inutilité
de leur esprit.

X X X I.

Lorsqu'il tombe une étincelle de
l'amour dans un cœur, elle l'anime ;
mais si l'amour en approche son
flambeau, il le consume.

X X X I I.

Il y a des gens qu'il faut étourdir
pour les persuader.

X X X I I I.

La vérité est pour les sots un flambeau qui luit dans le brouillard sans le dissiper.

XXXIV.

Quelque temps après qu'une erreur a disparu, les hommes ne conçoivent pas comment on l'a pu croire. On se moque aujourd'hui des Égyptiens qui adoroient leurs dieux sous la figure d'un oignon ; on rit de la sottise de ces moines qui se disputoient entre eux sur la propriété et l'usufruit de la soupe qu'ils mangeoient : nous apprêtons à rire à nos neveux sur bien d'autres absurdités pour le moins aussi ridicules. Cependant il vient à la tête de peu de gens sensés de se demander, Que croyons-nous donc de plus raisonnable que les Égyptiens ou les nations les plus barbares ?

XXXV.

L'humanité est un sentiment réfléchi ; l'éducation seule le développe et le fortifie.

XXXVI.

Je sais, disoit une dame malade, d'ailleurs assez heureuse, je sais que je suis heureuse, mais je ne le sens pas. Différence entre le sentiment et la réflexion.

XXXVII.

On pourroit calculer la bonté d'un homme par son bonheur. J'entends par bonheur, non celui qu'on attribue à la fortune, mais celui qui naît d'une bonne santé ; de la satisfaction ou du moins de la modération de ses desirs.

XXXVIII.

Ceux-là seuls sont propres à écrire de la morale, qui n'ont pas besoin d'attribuer leurs actions à d'autres

causes qu'à celles qui les leur ont fait
faire, · et qui n'ont pas besoin de
s'attraper eux - mêmes sur les motifs
qui les font agir, crainte de se trouver trop méprisables à leurs propres
yeux. Il n'y a que celui, par exemple,
à qui l'envie n'aura fait commettre
aucune mauvaise action qui avouera
qu'il a eu de l'envie.

X X X I X.

L'intérêt donne toujours de l'esprit.
Mes fermiers m'ont toujours attrapé
quand ils ont voulu, pour deux raisons : la premiere, parcequ'ils con-
noissoient mieux que moi la matiere
dont il s'agissoit, et que cette connoissance est la base de l'esprit; la se-
conde, parcequ'ils avoient plus d'intérêt à m'attraper que je n'en avois à
ne l'être pas, vu qu'ils étoient gueux,
et moi riche.

X L.

L'édit qui établit les notaires insulte plus les hommes que le livre de *l'Esprit*. L'un dit que les hommes sont frippons ; l'autre dit seulement que les hommes n'agissent qu'en vue de l'intérêt personnel.

X L I.

Lorsque l'on combat les principes d'un homme, on peut montrer les conséquences qui en suivent, mais ne pas assurer qu'il les ait eues en vue, et attendre ce qu'il répondra.

X L I I.

Annibal étoit borgne. Il se moqua du peintre qui le peignit avec deux yeux, et récompensa celui qui le peignit de profil. On ne veut pas être

loué trop fadement ; mais on est bien
aise qu'on dissimule nos défauts.

XLIII.

C'est le lot des esprits rares d'allier
la justesse avec l'imagination.

XLIV.

On n'a point à craindre que la secte
académique s'accrédite jamais. La vanité humaine n'aime point à suspendre
son jugement ; la paresse encore s'y
oppose : car pour suspendre son jugement il faudroit réfléchir, et en général l'homme est ennemi de la réflexion, qui fatigue toujours.

XLV.

Le principe des mœurs des hommes
n'est point dans leurs principes spécu-
latifs, mais dans leurs goûts et leurs

sentiments. Il y a tant de croyants qui agissent mal, et tant d'athées qui agissent bien ! '

X L V I.

Les personnes dévotes sont naturellement crédules et soupçonneuses; elles doivent donc admettre légèrement tout ce qu'on dit des personnes d'une opinion ou d'une secte différente de la leur.

X L V I I.

On ne cesse point de croire une absurdité parceque de bons esprits la démontrent telle ; mais on la croit parcequ'un petit nombre de sots et de frippons la disent vraie.

X L V I I I.

Il y a des gens qui se croient de grands raisonneurs parcequ'ils sont pesants dans la conversation, comme des bossus qui se croient de l'esprit parcequ'ils sont mal faits.

XLIX.

Faire beaucoup de rentiers dans un état, c'est lier l'intérêt du roi à l'intérêt d'un grand nombre d'hommes ennemis naturels des propriétaires.

L.

Quiconque est perpétuellement en garde contre lui-même se rend toujours malheureux de peur de l'être quelquefois.

L I.

La physique et la morale sont comme deux colonnes isolées éloignées l'une de l'autre, mais qu'un jour un même chapiteau rejoindra.

L I I.

Il faut être plus lent à condamner l'opinion d'un grand homme que celle d'un peuple entier.

L I I I.

Un homme d'esprit passe souvent pour un fou devant celui qui l'écoute ; car celui qui écoute n'a que l'alternative de se croire sot, ou l'homme d'esprit fou : il est bien plus court de prendre le dernier parti.

L I V.

Les petites fautes dans un grand ouvrage sont les miettes qu'on jette à l'envie.

L V.

Les rois et les prêtres aiment les contradictions dans les lois. Ils s'en

servent tour-à-tour au gré de leurs
intérêts. L'utilité publique qu'on po-
seroit pour regle et pour mesure des
actions des hommes seroit une base
de morale qui leur déplairoit fort.

L V I.

Une nation soumise au despotisme
connoît rarement un peuple libre. Très
peu de Français connoissent les Anglais. Aussi y a-t-il une maniere très
différente de négocier avec les répu-
blicains ou avec les despotes. Les uns
suivent leur intérêt, les autres leurs
caprices.

L V I I.

C'est un grand tort à un écrivain
d'être ennuyeux. On ennuie dans un
ouvrage de morale ou de raisonnement
toutes les fois qu'on ne réveille pas
l'esprit par des idées neuves. Dans les

histoires et les romans, les faits tiennent lieu de pensées et d'esprit.

LVIII.

Raisonner, pour la plupart des
hommes, c'est le péché contre nature.

LIX.

Les hommes passionnés pour les
femmes, la considération, ou les honneurs, les obtiendront par des crimes
ou des vertus, selon le siecle où la
nation où ils vivront.

LX.

Dans les cours, le déshonneur est
comme la fumée, qui se blanchit en
s'étendant au large.

LXI.

Si la voix du sang parloit, il n'y a

14.   12

point de jour où il ne se fît dans une rue de Paris plus de reconnoissances qu'en dix ans sur le théâtre français.

L X I I.

On voit se soutenir la vertu persécutée et honorée, mais rarement la vertu persécutée et méprisée.

L X I I I.

Si les hommes ne croient pas aux contes des fées et des génies, ce n'est pas leur absurdité qui les retient et les en empêche, c'est qu'on ne leur a pas dit d'y croire.

L X I V.

Une des choses qui nous donnent le plus de fausses idées du bonheur, c'est l'exagération des poëtes qui nous peignent, par exemple, les transports momentanés de l'amour comme une durée, et nous font par-là concevoir une idée de bonheur qui ne peut exister. Voilà le fantôme qui séduit la plupart des hommes, et sur-tout des jeunes gens.

L X V.

Le clergé est une compagnie qui a le privilege exclusif de voler par séduction.

L X V I.

Les hommes sont si bêtes, qu'une violence répétée finit par leur paroître un droit. On croit en Turquie que le grand-seigneur a droit sur la vie, les biens et la liberté des citoyens.

L X V I I.

Il faut être très honnête pour étudier en soi les autres hommes : les frippons auroient trop à rougir.

LXVIII.

Les riches et les pauvres se voudroient réciproquement parfaits. Les uns et les autres ont une prétention ridicule ; mais celle des pauvres est moins odieuse, parceque les riches ont de quoi supporter une injustice et s'en consoler.

LXIX.

Il y a peu d'amis à toute épreuve. Tel pour nous a risqué sa fortune, qui ne risqueroit pas un ridicule.

LXX.

Un pere disoit à son fils : Vous êtes sot ; soyez au moins décisif ; cela réparera votre bêtise.

LXXI.

La croyance aux préjugés passe dans le monde pour bon sens.

LXXII.

Ce qui nuit le plus à l'avancement des arts et des sciences, c'est ce qu'on appelle ces gens de bon sens qui se donnent le titre de voir net, parcequ'ils ne voient pas loin.

LXXIII.

Il y a tant d'inconséquence parmi les hommes, que les rois qui craignènt qu'on n'attaque le christianisme seroient bien fâchés de gouverner leurs peuples avec ses lois.

LXXIV.

La vertu a bien des prédicateurs, et peu de martyrs.

LXXV.

Il ne faut pas avoir trop de petitesse

ni trop d'étendue d'esprit pour paroître avoir du bon sens ; car on n'appelle bon sens parmi presque tous les hommes que l'acquiescement aux choses reçues par les sots ; et un homme qui n'a en but que la vérité, et qui par conséquent s'éloigne ordinairement des vérités reçues, passe pour fou.

L X X V I.

Les conseils durs ne font point d'effet : ce sont comme des marteaux qui sont toujours repoussés par l'enclume.

L X X V I I.

Il y a des sots qui disent des choses communes d'un air singulier, et qui passent pour des gens d'esprit ; tandis qu'il y a des gens d'esprit qui disent des choses fines et bien pensées d'un

air commun, et qui passent pour fous
ou pour des gens médiocres.

LXXVIII.

Il en est souvent des états et des
armées comme des vaisseaux que leur
grandeur empêche de naviguer.

LXXIX.

Tout ce qui ne sert pas à la posté-
rité est inutile dans l'histoire.

LXXX.

Il y a peut-être un art à séduire une
femme, comme à faire de bons vers.
Peut-être cet art-là est-il moins com-
pliqué et demande-t-il par-là moins
d'estime que les autres; mais c'en est
un. En tout, les hommes à réflexions
sont trop portés à regarder comme
sots les gens qui ne savent pas raison-

ner. Ils devroient penser qu'il y a aussi un art à ne rien dire, peut-être peu estimable, mais enfin dont ils ne sont pas capables. Et les gens du monde se hâtent aussi trop tôt de mépriser un homme taciturne. Il est par-là ridicule que l'on n'accorde pas de l'estime et de l'esprit à un grand jurisconsulte ou commerçant. Cela doit toujours être en proportion de la rareté et de l'utilité.

LXXXI.

Les objets offrent tant de différentes faces, qu'il faudroit toujours examiner, et jamais disputer.

LXXXII.

Une nouvelle idée vient de la comparaison de deux choses que l'on n'a pas encore comparées.

LXXXIII.

Les grands, et sur-tout les ministres, ont trop de besoins pour donner à l'inclination. Ils préferent de sots protégés à des gens d'esprit qui leur plairoient davantage.

LXXXIV.

Il y a des gens d'esprit qui n'en ont beaucoup qu'avec les sots : tels sont les conteurs. Les raisonneurs n'en ont qu'avec les gens de leur force.

L.XXX.V.

Pour bien écrire l'histoire, il faut prendre le milieu entre Tacite qui fait toujours agir les hommes avec dessein, et Plutarque qui les fait toujours agir avec passion. En tout, les hommes tournent long-temps autour du but avant d'y atteindre.

LXXXXVI.

On étudie long-temps pour se rendre habile dans sa profession ; l'on né-
glige tout pour remplir la plus importante, celle de gouverner les hommes.
Il y a beaucoup de prix d'académies
pour la solution de questions oiseuses,
aucun pour celle qui décideroit du
bonheur du genre humain.

LXXXXVII.

Tous les évènements sont liés. Une
forêt du nord abattue change les vents,
les moissons, les arts de ce pays, les
mœurs et le gouvernement. Nous ne
voyons pas toutes ces chaînes, dont le
premier chaînon est dans l'éternité.

LXXXXVIII.

La conversation devient plate à

proportion que ceux avec qui on la tient sont plus élevés en dignité.

LXXXIX.

Les Romains pouvoient ôter la vie à leurs enfants, et non la liberté.

X C.

C'est aux places fortifiées qu'en général les rois doivent leur puissance et la permission d'être sots.

X C I.

Un malheureux dit aux gens riches, « Si vous faites des sottises, c'est peu « pour vous, mais à moi elles ne sont « pas permises »; voulant dire par-là qu'il n'en fait pas.

X C I I.

Il y a des gens que l'on mene par

la crainte même où ils sont d'être
menés.

X C I I I.

Le cardinal de Richelieu disoit que
la chambre du roi lui coûtoit plus à
gouverner que l'état.

X C I V.

Si l'on connoissoit bien les motifs
qui font agir les hommes, on verroit
peut-être qu'ils font ce qu'ils doivent
faire; on se tairoit, et l'on emploieroit
son temps à trouver les moyens de
les rendre vertueux, en y attachant
leur bonheur.

X C V.

On n'appelle pas fou un homme
qui croit manger le bon Dieu, mais
celui qui se dit Jésus-Christ.

X C V L

Il ne faut avoir l'opinion ni même
la raison de son côté que parceque
l'opinion et la raison font de la force.
Les gens indifférents dans une question se décident pour la raison : or,
comme il y a beaucoup de gens indifférents , la raison devient une
force , parcequ'un grand nombre
d'hommes fait toujours force , et
qu'un parti, quand tout esprit n'est
pas éteint dans un pays, croît toujours , et devient insensiblement le
plus fort.

X C V I I.

Il seroit fort heureux qu'on se mît
bien dans la tête qu'on n'est point en
droit de blâmer toute action qui ne
nuit point au public : cela épargneroit
bien des médisances et des chagrins
aux hommes dans la société.

14. 13

XCVIII.

On dit : A quoi sert la vérité dans les ouvrages ? cela fera peu de bien dans la société. C'est comme si l'on disoit : A quoi sert d'être honnête homme ? cela fera peu de bien dans la société ; car un particulier y est bien peu de chose.

XCIX.

Ceux qui disent qu'on ne peut pas être honnête homme sans religion, s'ils sont protestants, disent indirectement que qui n'est pas sot est malhonnête ; car ils regardent comme une sottise à nous de croire à la transsubstantiation.

C.

Les prêtres enseignent aux enfants en termes clairs des choses inintelligibles, et aux hommes faits, en termes inintelligibles, des choses claires.

C I.

Toutes les fois qu'on n'a pas dans le gouvernement l'utilité publique pour point de ralliement, il n'y a plus de principe dans un état; car la soumission n'en est pas un, ni le despotisme, qui n'est que l'exercice d'une volonté arbitraire qui change à tout moment.

C I I.

On se trompe toujours dans ses raisonnements lorsqu'on raisonne *a priori;* voilà pourquoi tant de métaphysiciens sont tombés dans des erreurs : c'est *a posteriori* qu'il faut raisonner; c'est-à-dire d'après les faits bien observés. C'est la méthode de Locke, sans contredit le premier bon métaphysicien. Le mot même de *mé-*

taphysique nous l'indique : il signifie *après la physique.* Cette physique nous donne des faits ; et de la comparaison de ces faits nous en tirons des résultats généraux que l'on appelle *métaphysique;* et chaque science a la sienne. Toute métaphysique qui n'est point appuyée sur une grande base de faits est une fausse métaphysique de mots.

C I I I.

Quand un peuple, tel que les Huns, les Goths, etc., n'a connu d'autre gloire que celle des armes, il n'est pas nécessaire d'encourager chez eux les arts pour leur faire conserver leur vertu guerriere. Il n'en est pas de même d'une nation policée. Y détruire les arts c'est éteindre toute émulation, par conséquent toute vertu guerriere. C'est l'émulation et l'envie de se distinguer qui est le levain propre à mettre en fermentation les talents de toute espece.

C I V.

Il y a dans la morale, comme dans l'astronomie , des temps plus propres à l'observation. Les cometes morales qui passent mettent ceux qui existent plus à portée d'observer. Quand la sottise insulte au mérite et tient le haut du pavé, quand elle est puissante et ne garde aucun ménagement, elle est bien plus facile à observer.

C V.

Les gens faux connoissent le moins les hommes : ils sont trop occupés à se cacher. Les gens francs qui n'ont point de vices se montrent à découvert, et peuvent employer les forces de leur esprit à pénétrer les autres.

C V I.

Quand il y a tolérance dans un état, c'est qu'il y a équilibre de puissance. Ce qui faisoit la tolérance d'écrire lorsque les gens de robe étoient ministres, c'est que le mal qu'on disoit des grands seigneurs plaisoit aux ministres, charmés de voir abaisser la noblesse ; et quand on disoit du mal des ministres, les grands seigneurs en rioient dans les petits cabinets, parcequ'ils étoient enragés de ne pas gouverner eux-mêmes.

C V I I.

Le gouvernement qui devient bien intolérant a encore bien des sottises à faire. C'est le voleur qui voudroit fermer la bouche à ceux qui déposent contre lui.

C V I I I.

L'intérêt feroit nier les propositions

de géométrie les plus évidentes, et croire les contes religieux les plus absurdes.

C I X.

Tout habillement qui seroit propre à marquer une belle taille passera toujours pour ridicule. Il y a trop de gens mal faits intéressés à en dire du mal. C'est de même de l'esprit et d'un bon livre.

C X.

Quand on nous dit que la vertu seule nous rend heureux, c'est trop prendre les hommes pour des enfants. Il faut d'abord être au-dessus des besoins physiques : à moins qu'on ne nous suppose comme dans les romans de chevalerie, où les héros sont toujours en action et se battent toujours, sans qu'il y soit fait mention s'ils dînent, soupent et dorment.

C X I.

Quand il y a dans un état une puissance autre que la loi, la loi devient moins respectable. L'accomplissement de la loi fait la justice. Or, si cette puissance est la plus forte, on vient bientôt à mépriser la justice; et de là une infinité de crimes.

C X I I.

La législation fait tout. C'est pourquoi les jésuites, qui ont la même religion que les minimes, jouent dans le monde un bien plus grand rôle qu'eux.

C X I I I.

Il est rare que ce soit le génie de prévoyance qui donne une nouvelle forme aux états; ce n'est que le malheur ou l'ambition.

CXIV.

Machiavel dit que la noblesse dans une république est la vermine qui ronge les fondements de l'état.

CXV.

Il n'y a de roturiers que ceux qui ont perdu leurs titres de noblesse.

CXVI.

Le despotisme conduit les femmes à l'esclavage.

CXVII.

Le corsaire desire la guerre, parceque son intérêt n'est pas lié à la tranquillité publique. Chacun est plus ou moins corsaire.

CXVIII.

Veux-tu plaire aux hommes? fais valoir leur esprit.

CXIX.

Une vérité qu'on veut prouver doit recevoir toute sa force et sa clarté des dernieres réflexions qu'on fait pour la prouver.

CXX.

Le ridicule est comme les honneurs ; c'est la maniere équitable de les distribuer qui en fait la valeur et l'utilité.

CXXI.

Les hommes qu'on appelle foibles ne sont qu'indifférents ; car on est toujours vif sur l'objet de ses passions.

CXXII.

Fontenelle dit qu'il est assez singulier de perdre successivement la vue, l'ouïe, la mémoire, et de se trouver dans la classe des plantes et des végétaux, après s'être vu Fontenelle.

C X X I I I.

Un homme disoit à un courtisan : Vous n'êtes pas fait pour me voir parceque je suis un bourgeois, et moi je ne suis pas fait pour vous voir parceque vous êtes un sot.

C X X I V.

Avoir de la décence dans le monde, c'est être foible, souvent frippon, quelquefois et presque toujours flatteur.

C X X V.

Les intrigues et le mouvement qu'il faut se donner pour se faire une grande réputation nous empêchent de la mériter.

CXXVI.

Il n'y a personne plutôt dupe que celui qui se donne tant de peine pour ne l'être jamais.

CXXVII.

Les princes et les grands qui ne répondent point aux gens font un mystere de leur foiblesse.

CXXVIII.

Euripide dit qu'il est honteux d'ignorer l'équité, et de savoir ce que c'est que la nature de Dieu, de l'ame et de l'univers.

CXXIX.

La justice n'a plus lieu quand la force lui manque.

CXXX.

En général, les ouvrages qui plai-

sent sont ceux où l'on voit de la justice et de l'humanité : les hommes en
sont avides.

C X X X I.

Il est bien singulier que les prêtres,
qui ont avancé des maximes aussi
énormes contre les souverains, n'aient
pas été sur-le-champ anéantis. C'est
une furieuse preuve de leur crédit,
de leurs richesses, et de l'imbécillité
des hommes.

C X X X I I.

La justice ou l'injustice d'une loi se
mesure sur le plus ou le moins de
bonheur du peuple.

C X X X I I I.

Ce qui fait la libéralité, c'est la
cause pour laquelle on l'exerce.

14. 14

C X X X I V.

Honorer n'est qu'avoir de l'estime pour la puissance de quelqu'un. Voilà pourquoi l'on n'a guere de considération pour ceux qui ne peuvent guere.

C X X X V.

Liberté, c'est avoir la permission de faire tout ce qu'on peut faire selon les forces humaines.

C X X X V I.

Une faction est un nouvel état dans le premier.

C X X X V I I.

L'état monarchique n'est pas la patrie des ambitieux ni des talents, c'est la patrie où les hommes communs sont plus heureux. Les grands seigneurs n'y ont d'autre parti à prendre qu'à être sots et ignorants. Avec l'ame grande et éclairée ils seroient ambitieux et trop à craindre.

CXXXVIII.

Chacun peint l'homme comme il lui plaît. Tantôt on le fait petit comme un insecte, .tantôt élevé comme un géant, et puissant comme un dieu. C'est un objet à plusieurs faces, que l'on considere du côté que l'on veut. L'éloquence l'exagere ou le rétrécit à sa maniere. La raison et la philosophie seules le voient tel qu'il est, c'est-à-dire avec la conformation de ses organes, avec sa capacité de recevoir des impressions et de les conserver.

CXXXIX.

Quand on est jeune on fait des vers, des bouquets à Philis. Est-on plus mûr ? on fait des raisonnements solides. Il en est des hommes comme des arbres, qui ne portent de fruits qu'après avoir quitté leurs fleurs. On a des sentiments et des désirs avant d'avoir des réflexions.

C X L.

Il ne suffit pas pour bien tracer les causes de la grandeur d'un empire de bien recueillir les faits, il faut les voir dans leur vrai point de vue. Souvent on l'ignore, souvent on cherche un système où il n'y en a point, et presque toujours on cherche un principe unique où il y en a cent. Dans son livre sur les causes de la grandeur, etc., Montesquieu n'a pas assez connu les hasards heureux qui ont servi Rome. Il est tombé dans l'inconvénient, trop commun aux raisonneurs, de vouloir rendre raison de tout ; et dans le défaut aussi des gens de cabinet, qui, oubliant l'humanité, prêtent trop aisément des vues constantes, des principes uniformes, à tous les corps : et souvent c'est un homme seul qui dirige à son gré ces graves multitudes qu'on appelle sénat.

C X L I.

Si Montesquieu s'occupe moins de ce que le devoir exige de nous que des moyens par lesquels on peut nous obliger à le remplir, il a tort: Un des grands moyens d'engager les hommes à remplir leurs devoirs, c'est de ne point leur en imposer d'arbitraire, et de bien leur montrer la liaison inséparable de leurs devoirs et de leur bonheur.

C X L I I.

C'est à la loi à protéger l'égalité.

14.

Remontez à la source des privileges, ils sont tous fondés ou sur des préjugés ou sur des injustices. Ceux qui par hasard ont été accordés comme récompenses sont l'effet d'une vue courte et peu sensible au bonheur des autres ; car il n'y a aucun privilege qui ne nuise à un tiers. Il est injuste de favoriser une partie de la nation aux dépens du reste, et cela est toujours ainsi. Quant à l'ancienne possession, c'est un titre presque toujours vicieux dans son origine; et, aux yeux d'un philosophe, on ne prescrit jamais contre les vrais intérêts du peuple. Il est toujours sage, en rachetant ou en indemnisant les particuliers, de travailler à l'anéantissement de tout privilege. Les places seules doivent avoir des distinctions, et jamais de privileges ni d'exemptions.

CXLIII.

Dans un temps de lumiere, si l'on étoit vraiment éclairé, on ne trembleroit pas; si l'on avoit un plan bien formé dans la tête, et le courage qui fait qu'on le suit, on ne trembleroit pas; si l'on étoit bien persuadé que toutes les lois se bornent à empêcher de nuire, qu'il faut d'ailleurs laisser la plus grande liberté possible; si l'on étoit bien persuadé que les impôts doivent être assis sur le revenu de la nation, et bornés aux vrais besoins de la nation, l'on ne trembleroit pas. C'est l'ignorance qui a peur; c'est la demi-lumiere qui craint les abus de la correction. Quand on voit bien le tout, quand on pénetre bien, non la constitution d'un état particulier, mais celle des hommes et des choses, on ne dit pas qu'il y a du bien, du mieux et du pire ; on dit, Voilà la nature des choses et des hommes, et l'on va droit au but sans trembler.

CXLIV.

Quand je vois une espece d'animal habiter des lieux écartés, se construire un nid bien caché, en dérober les avenues à la curiosité, je dis alors : Sans doute il a des ennemis plus redoutables que ses forces ne sont grandes. S'il n'est pas dans un état de guerre, peu s'en faut ; il est au moins dans un état de crainte. Tel est l'état des animaux. S'il y avoit une espece d'animal qui, outre des ennemis à craindre, eût encore des dangers à courir de la part de ses semblables, et qui pût lui-même se faire craindre d'eux, alors cette crainte réciproque constitueroit l'état de guerre. Il faut de plus encore examiner s'ils n'ont rien à es-

pérer les uns des autres ; si aux crain-
tes qui les éloignent il ne se joint pas
des besoins et des penchants qui les
rapprochent ; et alors leur état seroit
guerre et paix, et la paix seroit leur
véritable état. S'ils avoient outre cela
une raison qui, en les éclairant sur les
moyens de concilier leurs vrais intérêts, leur offrît des moyens de ne
plus se craindre ; je crois que c'est la
nature de l'homme.

C X L V.

Quand les hommes sont rassemblés
et divisés en nations, que doit-il en résulter ? Pour en bien juger, il faut
voir comment cet état de nation a
commencé. La marche naturelle a été
d'abord l'état de famille simple, ensuite des familles réunies ou par le
voisinage, ou par la nécessité de se
défendre. En conséquence on choisit

un chef ou des chefs. Donc c'est la
guerre qui occasionne les institutions
politiques, mais la guerre défensive.
Il n'y en a point d'autre qui réunisse
les hommes dans les premiers mo-
ments; et c'est pour éviter les incur-
sions vagues des brigands qu'on se
réunit. L'objet du brigandage, c'est la
rapine; l'objet de la guerre, c'est la
défense. Il n'y a ni droit des gens, ni
droit politique, ni droit civil; qu'après
que les sociétés ont pris une consistance
durable par le temps; jusques-là c'est
une simple association de bonne foi
qui n'a encore aucune loi. Elle peut
se dissoudre, et peut-être l'a-t-elle
été plus d'une fois, avant d'acquérir de
la consistance.

Quand on considere une nation
toute formée, il est bon d'observer,
1°. les gradations par lesquelles on
arrive à cet état-là, 2°. ce que les

divers penchants de l'humanité per-
dent ou gagnent à ce changement;
de considérer d'abord le rapport des
membres de la nation entre eux, ensuite avec leur gouvernement, enfin
avec les autres nations, plutôt que de
suivre l'ordre renversé; car il faut
réunir les volontés avant de réunir les
forces, avant de les exercer au dehors;
mais, avant tout, il faut que les circonstances réunissent les familles. C'est
le penchant irrésistible de l'amour,
c'est le besoin des enfants, c'est le
sentiment des parents envers leur pro-
géniture, qui forme la famille. Les
penchants que la nature a destinés à
l'union des hommes, tels que le plaisir de vivre avec ses semblables, la
compassion et la bienfaisance, qui ra-
prochent les peres de famille, et les
familles ensuite, quand les circonstances ne s'y opposent pas : voilà les sen-

timents qui président aux premieres unions. Mais comme le cœur humain est agité par des passions qui tendent à les diviser, l'état civil, ou la civilisation, résulte des lois qui mettent un frein à ces passions funestes. Mais, quand les premiers mouvements de l'humanité qui présiderent aux premieres unions sont un peu attiédis, ont perdu une partie de leur énergie, alors commence l'intérêt réfléchi qui ne s'occupe que de soi; c'est là l'état de guerre sourde qui regne dans tous les gouvernements, parcequ'il n'y en a aucun qui ait songé à fortifier les affections sociales que la nature a mises dans notre sein, aucun qui ait pris la raison pour guide. La raison, comme je l'ai dit, doit étudier les vrais et bons penchants de l'homme pour les seconder et les fortifier, et s'opposer à ceux qui pourroient nuire au bonheur commun ; c'est là son véritable exercice. Est-ce là ce dont les gouvernements s'occupent? Ils semblent ne songer qu'à se faire obéir.

CXLVI.

Il y a d'excellentes choses dans le chapitre II, livre II de *l'Esprit des lois*, et c'est dans les détails que Montesquieu est presque toujours un homme supérieur ; mais en même temps il montre quelquefois trop le savant. Ainsi je le trouve un peu trop ébloui des choix des Romains et des Athéniens. Il confond ce que le peuple fait dans les beaux jours de sa gloire, dans l'enthousiasme de la vertu, non ce qu'il fait dans les siecles de corruption, ou dans les délires de la liberté. Si Athenes et Rome ont fait des choix admirables, si quelquefois elles se sont livrées avec confiance à

des hommes respectables, quelquefois
elles les ont punis des mauvais succès,
et souvent encore elles ont préféré l'au-
dace et la vaine éloquence de quelques
démagogues au mérite simple et mo-
deste : elles ont banni Aristide et Sci-
pion. Je suis cependant persuadé
que le peuple est capable de tout
ce que lui attribue de sagesse et de
justice Montesquieu, mais à condition
que ce peuple connoîtra bien ses
vrais intérêts : et il n'en sera persuadé
qu'en deux cas ; 1°. lorsque le gouvernement lui-même voudra bien l'en
instruire ; 2°. lorsqu'il sera permis de
les discuter dans tous les temps également, même avant que les occasions
extraordinaires soient arrivées. Sup-
posons, par exemple, qu'on enseignât
bien aux peuples que leur véritable
intérêt est dans la paix ; que peu leur
importe que leur empire soit étendu

ou borné, pourvu qu'il soit heureux;
qu'on lui enseigne, au lieu de mille
pratiques inutiles, que le bonheur
consiste à suivré les penchants de la
nature; qu'on ne doit sur-tout jamais
faire de mal qu'à celui qui en fait
lui-même : alors il n'y aura plus de
droit de guerre, parcequ'il n'y aura
que des guerres défensives, et que la
guerre défensive ne doit avoir pour
but ni la conquête ni la victoire, mais
la paix. Quand dira-t-on au peuple,
non que le droit des gens consiste à
ce que les nations doivent se faire dans
la paix le plus de bien, cela est outré,
mais (et cela suffiroit au bonheur de
tous) à ne point chercher ses avantages à leurs dépens, à ne point mettre
d'entraves à leur commerce, à respecter leur liberté, à ne point les diviser au dedans, en un mot à vivre
tranquille et vraiment en paix, et à

ne faire la guerre que malgré soi? Si le peuple étoit bien instruit là-dessus, des ambitieux, des intrigants, ne viendroient pas à bout de le séduire ; les mots de gloire et de grandeur ne l'entraîneroient pas à de folles entreprises ; et, quand il faudroit se défendre, il combattroit sans relâche pour ses enfants et leurs meres. Un peuple heureux n'est jamais lâche ; il craint trop de ne l'être plus.

Je dois justifier ce que j'ai dit, que Montesquieu exagéroit en disant que les nations devoient se faire dans la paix le plus de bien qu'il étoit possible. Il semble odieux de blâmer une maxime de bienfaisance ; mais il n'y a de bon que ce qui est vrai. Je crois peu aux vertus que personne n'a jamais senties, et qui ne peuvent même pas être l'objet du sentiment. Quand je vois un homme.

qui souffre, je sens de la compassion pour lui ; quand je peux lui faire du bien, je sens mon cœur s'émouvoir, et desirer de pouvoir lui en faire : mais une nation n'offre à mes yeux qu'un être moral qui ne m'affecte pas, et ne parle pas plus à mon cœur qu'à mes sens. Je me borne à ne point faire de mal, parceque faire du mal répugne à mon ame. Si un homme étranger s'offre à moi, il n'est plus étranger pour moi ; c'est un homme, et il a des droits à mon affection. Mais la bienfaisance ne porte que sur les êtres sensibles, et qui peuvent éprouver à leur tour les mêmes impressions de sensibilité que j'éprouve pour eux. C'est une grande source d'erreurs que le langage collectif qui semble faire une seule personne d'une assemblée d'hommes, et lui prête les sentiments d'un homme, et qu'un homme n'é-

prouve que parcequ'il est un. Pour
que je sois sensible au bonheur ou au
malheur d'une nation, il faut que je
la dépece, pour ainsi dire, afin de
voir les particuliers heureux ou malheureux qui la composent.

CXLVII.

Je ne suis pas bien étonné que les
tribunaux d'un grand état frappent
sans cesse sur la jurisdiction patrimo-
niale et ecclésiastique : il est tout simple qu'ils cherchent à attirer tout à
eux ; et quelque peu disposé que je
sois à prêter des vues constantes aux
hommes, il y en a qui naissent tellement de leur position qu'ils ont ces
vues même sans le savoir. Ainsi les
parlements ayant pris la place du
clergé et de la noblesse qui jugeoient
jadis les affaires, ils ont dû chercher
à écarter par degré la noblesse et le

clergé. Et, comme le clergé leur op-
posoit une résistance plus soutenue,
ils ont eu plus à combattre ; tandis
que la noblesse, occupée à la guerre,
peu curieuse du droit de juger, laissoit
entraîner sa jurisdiction, et, quelquefois par raison, quelquefois par ava-
rice, étoit bien aise d'en être dé-
pouillée. Et, au fond, ni la justice
criminelle, ni les jugements civils,
ne sont bien entre les mains des particuliers ; et, si l'on étoit animé par
le desir du bien public, on aimeroit
mieux voir la justice entre les mains
des villes et des corps intéressés à la
manutention de la chose publique
que dans les mains des seigneurs, qui
n'y prennent aucune part, parcequ'ils
n'y entendent rien : et la constitution
ne seroit pas changée par ce changement; car les rangs intermédiaires,
seuls nécessaires peut-être à la consti-

tution monarchique, n'en subsiste-
roient pas moins. Montesquieu est
trop féodiste ; et le gouvernement
féodal est le chef-d'œuvre de l'absurdité.

Quant à la jurisdiction ecclésiastique, par quel endroit entre-t-elle
dans la constitution monarchique ?
Elle est déraisonnable lorsqu'elle sort
des bornes ecclésiastiques ; et, si elle
n'en sort pas, elle doit se maintenir
par la seule persuasion, sans que le
prince s'en mêle. Le clergé, par la
nature des choses, doit être simple
pensionnaire de l'état, comme le pré-
cepteur de la maison ; et ceux qui ont
des dogmes et des maximes tirées
d'un autre monde peuvent prêcher et
non gouverner celui-ci.

C X L V I I I.

En un sens, la vertu n'est le prineipe d'aucun gouvernement , quoiqu'elle y soit plus ou moins utile.

Qu'est-ce qu'un bon gouvernement? Celui dont les lois tendent à assurer la félicité commune , et sont assez justes pour que chacun trouve son intérêt à les observer. Pour cela il ne s'offre que deux moyens ; l'un, d'éclairer assez les hommes pour qu'ils voient clairement que leur intérêt se trouve à obéir aux lois ; le second, d'inspirer de la crainte à ceux qui entreprendroient de les violer. De ces deux moyens le premier ne convient qu'à un bon gouvernement, le second convient à tous, bons et mauvais. Le premier n'a encore été employé nulle part, et j'en sais la raison. Quant à cette espece de fanatisme patriotique qui fut jadis en usage, il ne servit qu'à inspirer des haines nationales, la fureur des conquêtes, et les inquiétudes de l'ambition. Toutes ces passions factices ont un terme, et, ce terme arrivé, l'édifice s'écroule. Elles servent à rendre les peuples célebres, et à couvrir leur empire de gloire et d'éclat, sans les rendre ni heureux ni durables.

En général, les gouvernements ne sont pas faits pour les hommes vertueux, ils n'en ont pas besoin ; mais enfin ceux-là il faut les éclairer, cela suffit. Quant au commun des hommes, il seroit bon de les éclairer, mais il suffit de se faire craindre.

Il n'y a aucun gouvernement qui n'ait besoin de réforme dans ses lois, aucun où elles tendent assez au bien public : presque toutes sont favorables à celui qui possede contre celui qui n'a rien. Il y en a sans nombre qui se mêlent de détails qui ne sont pas de leur ressort, beaucoup qui ont été

transportées d'une nation à une autre ;
il y en a qui sont trop séveres, d'autres qui supposent un ordre de choses
qui n'existe plus, beaucoup qui ont
été dictées par l'autorité en sa propre
faveur ; que sais-je ? le fanatisme, la
bizarrerie, les haines nationales, des
orages passagers, des passions popu-
laires, en ont occasionné plusieurs qui
restent encore après que tout cela est
éteint.

En jetant les yeux sur toutes les
especes de gouvernements anciens et
modernes, il n'en est aucun où le
mal ne contraste à côté du bien. Des
hommes indifférents à tout, et qui se
croient philosophes, en concluroient
que tout est égal, et qu'on peut décider la question de la préférence des
gouvernements à croix ou pile. Des
hommes atrabilaires en concluroient
que le mal est entré dans le monde

avec les gouvernements ; des philosophes paresseux en concluroient qu'il
faut rester comme on est, et que c'est
une folie de réformer ce qui est. N'y
auroit-il pas quelque autre conséquence
à en tirer? Ne pourroit-on pas dire
que jusqu'à présent on n'a pas assez
médité sur les vrais moyens de rendre
les peuples heureux ; que les premiers
législateurs, trop peu éclairés pour
établir un bon système de gouvernement, ont encore eu le malheur de
vouloir assurer l'immutabilité à leur
ouvrage encore informe ; que ce n'est
que du temps et de l'expérience, du
progrès des lumieres et de la liberté,
et fort lentement encore, que peut
se former le meilleur plan de gouvernement; que la plus folle de toutes les
opinions est celle qui tend à conserver
les antiques législations? On y voit
quelquefois des vues sublimes, mais

jamais d'ensemble ; des idées hardies, mais trop souvent bizarres ; de grandes vertus, et beaucoup d'ignorance ; en un mot tous les caracteres des peuples naissants qui se laissent entraîner à une impression forte et non réfléchie qui les égare par les séduisantes apparences de la gloire et de l'utilité momentanée.

C X L I X.

Dans une monarchie, presque personne n'est bon citoyen ; car on n'y cherche généralement que ses avantages, à l'exclusion des autres. La seule chose à desirer, c'est qu'on les connoisse bien, et qu'on sache surtout qu'il ne faut pas les chercher à l'exclusion des autres : c'est là la source de tous les maux politiques ; c'est au gouvernement à y veiller. Dans l'état monarchique, comme dans

14. 16

le despotique, tout tend, tout con-
spire à l'exclusif; la faveur est le
dieu qu'on invoque. On n'y est rien
qu'en s'approchant du maître : on est
donc nécessairement mauvais citoyen.
Comment y seroit - on homme de
bien?

C L.

L'éducation publique et commune
est très favorable à la liberté. Si l'é-
ducation particuliere s'introduisoit jamais dans une république, je trem-
blerois pour sa liberté. Les peres sont
timides, parcequ'ils ont des enfants;
les enfants n'y apprendroient qu'à
être insolents, parcequ'ils seroient
toujours entourés de valets, c'est-à-
dire d'esclaves passagers et merce-
naires. Insolents avec eux, ils seroient
lâches avec leurs supérieurs; c'est une
conséquence infaillible.

C L I.

Étudiez l'histoire : vous y verrez
toutes les grandes actions, soit en bien,
soit en mal, dans le passage d'un état à
un autre. Ainsi, même dans la lie des
siecles, la Hollande nous a offert un
grand spectacle lorsqu'elle secoua le
joug de Philippe II; ainsi Rome,
ainsi Athenes, etc. Il faut encore observer que moins un peuple est po-
licé, plus les vertus, comme les
vices, sont franches, actives, sauva-
ges même. C'est le jeune homme
ardent et plein de force qui n'a point
encore réfléchi ; en avançant en âge,
il est plus modéré et moins imprudent. Ce n'est pas la petitesse de
nos ames, c'est le caractere de prudence et de réflexion ; l'esprit de cal-
cul et de prévoyance, qui nous rend
plus timides ; et les grands crimes

nous étonnent comme les grandes
vertus.

C L I I.

Pour établir l'égalité sur un fondement solide, il faut l'établir sur la liberté. Ce n'est pas l'égalité rigoureuse qu'il faut établir, ce sont les grandes inégalités passageres qu'il faut combattre ; car il faut que chaque homme ait droit de se servir de tous ses talents. Que faut-il faire pour obtenir le but de la presqu'égalité sans violence? Il faudroit, entre autres choses, ne pas régler les testaments, mais ordonner qu'il n'y en aura pas, et que tous partageront également, s'ils y ont un droit par leur naissance. — Mais c'est borner la liberté du citoyen —. Ce n'est pas moi, c'est la nature. Quand on est mort, on n'est plus libre. — Mais c'est ôter tout

frein aux enfants —. Tant pis s'ils
obéissent par ce motif : les peres ont
tant d'autres moyens !

Je voudrois pourtant qu'il fût permis de faire des donations, parceque,
tandis que je vis, je suis le maître de
donner ; mais il faudroit fixer bien
l'âge où l'on peut donner, parcequ'il
y a un excès de jeunesse et de vieillesse, un état de maladie et de foiblesse, où le bon sens n'existe plus,
ou n'existe pas encore, où par conséquent l'homme n'est plus libre.
Dans une république bien ordonnée,
l'excès dans ce genre n'est pas à
craindre. On se marie, on a des enfants. En pareil cas les donations sont
rares, ou ce sera la faute des enfants.

C L I I I.

La plupart des républiques, tant
anciennes que modernes, ne sont pas

16.

nées dans le sein de la paix, ne sont
pas le fruit de la mûre raison, du
sentiment vif et profond de l'égalité;
moins encore de la persuasion intime
que la démocratie fût le meilleur des
gouvernements. Les peuples se trou-
voient opprimés, leur ame étoit entraînée violemment vers la liberté;
ils secouoient le joug sans avoir même
médité les moyens de donner une
forme solide à la nouvelle constitution vers laquelle ils se précipitoient
aveuglément. Les législateurs, qui
sont des hommes, n'avoient point
d'autres lumieres que celles de leur
siecle; et souvent ils avoient des passions particulieres. Ceux même qui
vouloient le bien avec droiture se li-
vroient à des vertus austeres qui n'ont
pas leur source dans la nature humaine, mais dans une fausse idée de
perfection impossible à la multitude;

et, comme ils n'étoient point préparés au grand ouvrage qu'ils entreprenoient, ils faisoient des lois pour chaque jour, chaque évènement, et toujours avec des idées étroites de sévérité domestique.

C L I V.

Je ne sais si Richelieu avoit un caractere aussi élevé qu'on l'a dit; il n'entendoit rien au moins à l'administration intérieure. Une ame ardente et de grands projets au dehors, joints à de grandes forces, donneront toujours des succès et de la réputation. Les projets même qu'il suivit étoient ceux de Henri IV. Toutes les fois qu'on placera à la tête d'une nation une ame ardente, occupée de suite d'un projet, on sera étonné de ses succès. Voyez ce qu'a fait Frédéric II avec de moindres moyens.

C L V.

Sans doute il faut des recherches scrupuleuses sur les faits qui servent de base aux jugements : mais à quoi bon tant de regles, de restrictions, d'extensions, qui font un art de la raison même, ou, pour parler plus exactement, qui mettent la chicane à la place du bon sens ? à quoi sert cette multitude de lois qu'aucun homme ne peut savoir, et qui décident de la fortune et du repos des citoyens ? en sorte que, sans le savoir, et même en croyant suivre les lumieres de la raison, on se trouve exposé à violer des lois qu'on n'a pu reconnoître.

C'est une chose incroyable, et pourtant vraie, qu'on révolte les hommes en leur proposant de revenir à la simple nature. Dites à des Français que toutes les sortes de distinctions

sur la nature des biens qui sont ad-
mises dans les tribunaux de leur pays
sont ridicules, et qu'il ne doit y avoir
que des biens libres ; que toutes les
lois doivent tendre à conserver la propriété de ces biens : ils ont peine à
vous entendre ; et leurs têtes sont si
pleines de fiefs, de seigneuries, de
cens et rentes, de lods et ventes,
de quint et requint, qu'ils imaginent
qu'on leur propose d'anéantir la monarchie en rendant les biens libres.
Ils oublient qu'on a fait des changements pareils, et qu'on a rendu service à l'état. Ainsi, quand on a affran-
chi les serfs, quel inconvénient y
auroit-il à affranchir les biens ? On dé-
truiroit au moins la moitié des procès ;
on favoriseroit le commerce des biens ;
on soulageroit les cultivateurs, ruinés
par les droits seigneuriaux ; on étein-
droit les haines des familles nobles ; on

rendroit l'état plus riche ; et chacun,
occupé de son bien sans inquiétude,
l'amélioreroit avec sécurité.

C L V I.

Il seroit à souhaiter que les juges
prissent la maniere des arbitres, en
ce sens que la discussion des faits, et
même de la loi quand elle n'est pas
assez précise, se fît publiquement ;
que chacun dît son avis, et les raisons
de son avis. Mais je trouve ridicule
qu'on se rapproche par simple voie de
conciliation. Si la persuasion n'en est
pas le principe, on peut céder de ses
droits par le simple desir de la paix ;
mais on ne peut céder les droits d'un
autre, les droits de la vérité, par la
vaine et sotte raison qu'il faut se rap-
procher de l'avis du plus grand nombre. Cela n'est bien ni dans la république ni ailleurs.

Je trouve un grand inconvénient dans la formule romaine, parceque je trouve que rarement les faits sont assez simples pour comporter un jugement général et tranchant tout à-la-fois. Il y a des modifications, et il faut les énoncer. C'est comme dans les disputes où l'on dit à son adversaire, Répondez nettement oui ou non; et le plus souvent on ne doit répondre ni l'un ni l'autre pour répondre nettement, même en supposant les lois aussi simples qu'elles peuvent et doivent l'être, même en supposant une démocratie très bien organisée. Le peuple en corps ne peut ni ne doit être juge des affaires particulieres, tant civiles que criminelles; il n'a ni le temps, ni la patience, ni les connoissances, ni l'équité nécessaires. On peut absolument éclairer le peuple sur ses vrais intérêts; mais comment éclairer une multitude sur des choses auxquelles elle ne prend aucun intérêt?

C L V I I.

La vertu d'une femme, quoi qu'en puissent dire de petits philosophes, consiste dans le respect pour soi-même, et l'amour de la chasteté. Sans doute l'incontinence publique est l'ex-cès de la corruption dans une femme, mais ce n'est jamais un vice national. Ce n'est jamais, dans l'état le plus corrompu, que le petit et très petit nombre qui se voue à l'incontinence publique, à prendre ce mot dans le sens naturel. La perte de la vertu précede toujours l'incontinence publi-que, et n'en est pas toujours suivie. Une fille qui a un amant, une femme même qui en a un, sont encore loin d'être des femmes perdues, si elles n'ont d'autre guide que l'amour et la véritable tendresse. La corruption des femmes consiste, à parler correctement, à n'avoir d'autre motif dans leurs foiblesses que l'amour et la recherche du plaisir, sans que le goût personnel y influe. Celle qui a été entraînée par une foule de sentiments vers l'objet de son amour, celle qui a aimé long-temps avant de penser au but de l'amour, celle qui n'a cédé aux desirs de son amant que parceque l'amour dominoit son ame avant d'agir sur ses sens ; elle peut être coupable, mais n'est point une femme perdue : elle aura manqué aux lois de la société, mais elle n'a point violé celles de la pudeur : elle est assurément bien loin de l'incontinence publique.

Les bons législateurs n'exigent point une certaine gravité de mœurs ; ils se bornent à établir par des lois

indirectes la pureté des mœurs; et
cela est plus aisé qu'on ne croit. Avec
cette gravité de mœurs la société domestique est dure, impérieuse, ty-
rannique; et ce n'est pas là le but
d'une bonne législation, car ce n'est
pas le but de la nature. Que si l'on
me demande comment on établit la
pureté des mœurs par des lois indirectes, je réponds que c'est en favori-
sant les mariages et le divorce, en
rendant les successions égales entre
freres et sœurs, les charges non héréditaires, et sur-tout par l'institution
nationale bien éclairée.

CLVIII.

Combien chez les Romains il résul-
toit d'inconvénients du tribunal domestique! 1°. La moitié du genre
humain étoit en quelque façon esclave:
2°. l'arbitraire étoit introduit, non

seulement dans la punition des crimes, mais encore dans l'estimation :
3°. les enfants étoient amenés par
degrés à n'honorer que le pere, parcequ'il avoit seul une vraie autorité :
4°. les femmes n'étoient plus regar-
dées comme les compagnes de leurs
maris ; et dès lors on ôtoit à la nature
un des plus puissants ressorts pour
adoucir les mœurs des hommes.

Je n'aime point à voir les lois, et
moins encore un tribunal domestique
et arbitraire, décider de ce qu'on se
doit à soi-même. C'est l'éducation
seule qui doit nous en instruire. On
ne doit être puni qu'autant que l'on
manque aux autres. Si l'on ne manque
qu'à soi, on sera puni par les suites
nécessaires de ses fautes.

L'adultere soumis à une accusation
publique est le délire de la législation.
Le mari ou la femme ont droit de se

séparer en pareil cas, parceque la sé-
paration est faite par l'adultere même.
Mais à quoi servent les punitions en ce
genre? Le crime est si difficile à prouver, et quand il devient commun il
échappe si aisément à la punition,
il cesse si facilement d'être regardé
comme un crime, et enfin ce crime
est tellement fait pour l'ombre et le
silence, qu'autant vaut ne pas le re-
chercher. Il suffit de laisser la liberté
du divorce.

C L I X.

Il n'y a au fond qu'une seule loi;
c'est la loi naturelle, qui roule toute
sur un petit nombre de principes ap-
plicables à tous les objets qui inté-
ressent l'humanité. Le droit naturel,
c'est le droit qu'a chaque homme de
veiller à sa propre sûreté, à la con-
servation de ses biens; et le premier

de tous, c'est la liberté la plus étendue, qui par-là même exclut celle de nuire.

Le droit divin est pour chaque homme la liberté d'obéir à ce qu'il croit les lois de Dieu ; et les autres hommes , soit rois, soit concitoyens , n'ont à cet égard que le droit d'empêcher qu'on ne prenne pour lois de Dieu des erreurs nuisibles aux autres. Tout cela n'est que le droit naturel qu'a chaque homme de penser et d'agir librement ; et l'état n'a à y voir que pour empêcher qu'on ne nuise.

Le droit ecclésiastique, c'est le droit qu'ont les hommes de faire telles associations que bon leur semble , pourvu qu'elles ne nuisent à personne ni dans sa liberté ni dans ses biens.

Le droit des gens, le droit politique, le droit civil, etc. , tout n'est que le droit qu'on a d'empêcher le mal qu'on veut nous faire, à la charge que nous n'en ferons point.

Quant au droit de conquête, je ne le connois pas, à moins qu'il ne se borne à repousser un aggresseur injuste, et à le mettre hors d'état de nous nuire, sans aller au-delà. Le droit domestique m'est aussi inconnu, si on le distingue du droit qu'a chaque homme de chercher son propre avantage sans nuire aux autres. J'ajoute que je ne connois pas d'autorité paternelle distinguée de l'obligation imposée par le penchant de la nature, de servir de guide à ses enfants jusqu'à ce qu'ils puissent être leurs propres guides.

La sublimité de la raison humaine consiste à bien assurer le droit naturel de chaque homme, en sorte qu'il ne soit pas effacé par des droits imaginaires. Ce n'est pas en s'asservissant à des ordres de choses purement factices que l'on trouvera le vrai ; on ne trouvera que le moyen de tout embrouiller.

C L X.

En examinant l'état actuel de tous les empires, on voit qu'il n'y en a aucun dont le domaine puisse suffire à sa dépense ; que quand les dépenses varient sans cesse il faut un revenu qui puisse varier comme elles. On auroit vu que les domaines des souverains sont toujours mal administrés, pour les frais aussi-bien que pour le produit; que le seul revenu qui convienne est une contribution proportionnelle des biens de chaque citoyen, etc. ; et de là on auroit conclu qu'il ne faut point de domaine. Il est nécessaire qu'il y ait un revenu pour les dépenses communes ; mais un revenu et un domaine ne sont pas des mots synonymes.

FIN.

Il n'a été tiré qu'un cent de cette édition grand in-18.